우리 아이
부자되는
돈 공부

우리 아이 부자되는 돈 공부

2022년 3월 16일 초판 1쇄 인쇄
2022년 3월 26일 초판 1쇄 발행

지은이 정명진
펴낸이 이종춘
펴낸곳 (주)첨단

주소 서울시 마포구 양화로 127(서교동) 첨단빌딩 3층
전화 02-338-9151
팩스 02-338-9155
홈페이지 www.goldenowl.co.kr
출판등록 2000년 2월 15일 제20000-000035호

본부장 홍종훈
편집 윤지선
전략마케팅 구본철, 차정욱, 나진호, 이동후, 강호묵
제작 김유석
경영지원 윤정희, 이금선, 최미숙

ISBN 978-89-6030-596-0   13590

BM 황금부엉이는 (주)첨단의 단행본 출판 브랜드입니다.

- 책값은 뒤표지에 있습니다.
- 잘못된 책은 구입하신 서점에서 바꾸어 드립니다.
- 이 책은 저작권법에 의거해 한국 내에서 보호를 받는 저작물이므로 무단 전재 및 복제를 금합니다.

황금부엉이에서 출간하고 싶은 원고가 있으신가요? 생각해보신 책의 제목(가제), 내용에 대한 소개, 간단한 자기소개, 연락처를 book@goldenowl.co.kr 메일로 보내주세요. 집필하신 원고가 있다면 원고의 일부 또는 전체를 함께 보내주시면 더욱 좋습니다.
책의 집필이 아닌 기획안을 제안해주셔도 좋습니다. 보내주신 분이 저 자신이라는 마음으로 정성을 다해 검토하겠습니다.

초등 경제교육 전문가 에듀비온의 홈스쿨링 노하우

정명진(에듀비온) 지음

BM 황금부엉이

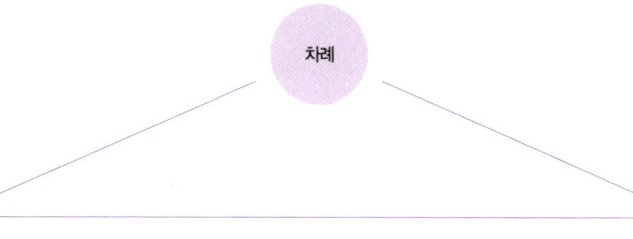

차례

들어가며 7

PART 1
돈 공부 1 : 돈을 알아가는 법

1. 엄마표 돈 공부를 시작하세요
우리 아이 먹고사는 문제 15
학교에서 돈 공부 안 하는 이유 20
돈 배우기 가장 좋은 곳 26

2. 왜 부자가 되어야 할까요?
비결은 자격 대신 자산 30
부자 씨앗을 찾는 법 38
자기 업을 찾아내는 아이 43
돈을 모으는 이유 47

3. 아이에게 돈을 맡기세요
용돈을 많이 줘야 하는 이유 53
저금통에 이름을 붙여요 63
현금 없는 세상을 사는 법 76
아이 자존감의 비밀, 기부 89

PART 2
돈 공부 2 : 돈을 굴리는 법

1. 미니 경제를 운영해요
미니 은행, 미니 정부 101
교실에서 더 재밌게 113

2. 어린이 기업가가 되어보아요
사업에 나이는 숫자일 뿐 124
어린이 기업가가 되는 법 131
온라인 키즈 브랜딩 156

3. 어린이 투자자가 되어보아요
어린이가 투자해야 하는 이유 161
어린이 투자의 첫 걸음 176
어린이 성투의 법칙 193

돈 공부 3 : 돈을 다루는 9단계 실천법

1. 목표를 시각화해요 205
2. 집안일 목록을 만들어요 212
3. 감사의 나무를 그려보세요 226
4. 기부 계획을 세워요 228
5. 청구서를 발행해요 230
6. 진짜처럼 생각해요 232
7. 솔직하게 대화해요 239
8. 10분 브리핑에 도전해요 245
9. 밥상머리 경제 대화를 시작해요 252

나가며 258

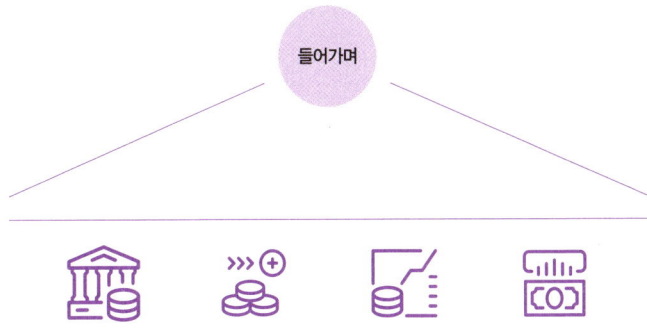

들어가며

출근하는 엄마에게 아이가 매달립니다.

"엄마, 회사 가지 마."

어린아이에게 "엄마 돈 벌어 와야 해." 하는 말끝에 복잡한 감정이 듭니다. 그놈의 돈이 뭐기에 아이를 떼어놓고 가야 할까 하는 원망 섞인 마음부터, 왜 굳이 아이에게 돈 이야기까지 꺼냈을까 하는 죄책감까지 밀려옵니다.

우리는 아이에게 돈을 말하는 것을 참 꺼려합니다. 왜 아이에게는 돈 이야기하기가 어려울까요? 우리 집에 있는 돈이 얼마인지, 빚은 얼마나 있는지 말하면 안 되는 걸까요? 계약 기간이 지나면 이사를 해야 하는 이유가 무엇인지 말해주면 안 될까요? 아이가 뭘 사달라고 할 때, 뭐라고 말하며 거절해야 할까요? 아이와 돈 얘기를 한다는 것은 생각만 해도 불편합니다. 아이가 돈만 아는 어른으로 클까 봐 두렵기도 하고요. 우리는 아이에게 돈에 대해 어떻게 말해줘야 할까요?

"돈은 온 세상을 굴러다녀. 거지 손에도 가고 부자 손에도 가지. 시장 바닥도 돌아다니고 백화점도 돌아다녀. 그러니 어떻겠어? 엄청 더럽지. 온갖 세균이 다 묻어 있단 말이야. 돈을 만지고 나면 꼭 손을 씻어야 해."

"돈 많다고 행복한 줄 알아? 아니야. 하나가 많으면 꼭 다른 하나가 부족하지. 부자들도 뭐가 하나는 부족한 데가 있어. 그걸 사람들이 모를 뿐이야."

"부자들은 재산을 잘 공개하지 않아. 이유야 모르지. 뭔가 불법적인 방법으로 돈을 벌었을지도 몰라."

많은 부모들이 아이들에게 이렇게 얘기할 것입니다. 돈은 온 세상을 돌아다니니 당연히 위생적이지 않습니다. 또 누군가가 갑자기 부자가 되었을 때는 어떤 경로로 그 많은 부를 얻었는지 알려주지 않으면 알 수 없지요. 돈과 부자에 대한 생각은 어느 정도 일리가 있습니다. 하지만 부모님께서 이런 생각을 갖고 있더라도 아이에게 그대로 전달해주어서는 곤란합니다. 왜냐하면 그 생각 속에 '돈이 부족한 이유'가 들어있을지도 모르거든요.

우리가 돈에 대해 어두운 감정을 갖고 있는 이유는 무엇일까요? 우리가 지나온 삶을 돌이켜 보면 돈이 부족했던 경험이 한 번쯤은 있습니다. 뭔가 부족하다는 생각은 슬프고 고통스러운 감정을 불러일으키지요. 대체로 사람들은 돈에 연상되는 문장을 말해보라고 하면, '늘 부족하다', '돈 때문에 싸운다', '돈이 웬수다'라고들 합니다. 하지만, 우리에게 오래 전부터 심어져 있었던 돈에 대한 부정적인 생각을 자녀에게 들려주는 것은 가난을 물려주는 것과 같습니다. 아이들에게 돈에 대한 이야기를 할 때는 돈이 있어 좋은 점과 감사한 점을 강조해서 말해야 합니다. 실제로 우리는 돈이 없이는 하루도 살 수가 없고, 돈이 있기 때문에 아이들에게 필요한 것들을 사줄 수 있지요. 돈은 우리에게 꼭 필요하며 감사해야 할 존재입니다.

돈에 대해 감사하는 감정을 의도적으로 아이들에게 전달해주어야 하는 분명한 이유가 있습니다. 세상에서 성공을 이룬 사람들에게서 발견할 수 있는 공통점이 바로 '돈에 대한 감사'이기 때문이지요. 성공하기 위해 지켜야 할 격언으로 '모든 것에 감사하라'는 말이 있듯이, 돈에 대해서도 감사를 표현하는 것입니다. 부자들의 공통점 중 하나는, 돈을 더럽거나 나쁜 것으로 인식하지 않는다는 거예요. 대신 돈으로 할 수 있는 수많은 일이 있다는 것에 감사하지요. 이런 마음이 더 많은 부를 끌어당기는 원동력이 되기도 합니다.

많은 이들은 자녀가 자신보다 잘 살기를 바랍니다. 이런 마음으로 여러 교육도 시키고, 다양한 체험도 하게 하지요. 이 모든 노력은 결국, 아이가 떳떳한 어른으로 성장하여 사회에서 인정받고 부를 누리며 행복한 삶을 살게 하기 위한 것입니다. 우리는 부에 관해 조금 더 솔직해질 필요가 있습니다. 좋지 않은 일을 해서 뉴스에 나오는 부자도 있지만 선한 영향력을 펼치는 부자는 더 많이 있지요. 우리는 우리 아이가 사회에 좋은 영향을 주는 부자가 되기를 바라곤 합니다. 더 많은 돈이 더 많은 자유와 행복을 어느 정도 보장해주는 것은 확실하니까요.

우리는 자녀가 경제적 자유인이 되어서 날아다니는 새처럼 세상을 자유로이 누비기를 바라고 있습니다. 그렇다고 해서 너무 많은 돈이 우리 아이를 집어삼키기를 바라지는 않습니다. 돈의 주인이 되어야지 노예가 되어서는 안 되니까요.

욕심 많은 심술쟁이나 스크루지처럼 자라기를 바라는 경우는 드뭅니다. 그러면 어떻게 해야 우리 아이가 돈에 관해 좋은 감정을 가지면서도 지나치게 돈 밝히는 사람으로 자라지 않을 수 있을지, 그 방법을 알려드리려 합니다.

❋ 본문에서 소개할 서식은 아래 단계에 따라 다운받아 사용하세요..

   1. 황금부엉이 그룹사 홈페이지(www.cyber.co.kr)에 접속, '도서몰'을 클릭합니다.
   2. 회원 가입 및 로그인을 완료한 후 화면 왼쪽 상단의 '부록 CD'를 클릭합니다.
   3. 목록의 '우리 아이 부자되는 돈 공부 서식 모음집'을 클릭합니다.
   4. 페이지가 열리면 '자료 다운로드 바로가기'를 클릭하여 다운받습니다.

PART 1.
돈 공부 1

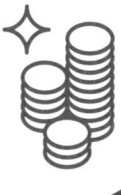

돈을 알아가는 법

1

엄마표 돈 공부를 시작하세요

우리 아이 먹고사는 문제

연희 엄마는 최근 뉴스를 보며 굉장히 심란했어요. 눈여겨보던 아파트에 콕 찍어둔 집이 있었는데 지난 몇 개월 새 몰라보게 집값이 뛰었기 때문이지요. 설상가상으로 옆집 엄마는 주식으로 돈 좀 벌었다며 밥을 사준다고 합니다. 어쩌다 한 번씩 벼락부자가 탄생하던 시절은 지나고, 요즘은 나만 빼고 다들 부자가 된 것 같습니다. 뉴스에서 말하는 소위 '벼락거지' 중 한 명이 나인 것 같아 우울해지기도 하고요. 나 닮은 아이도 투자를 제대로 못 배워 나처럼 후회할까 걱정도

듭니다.

지우 아빠의 주변에는 경제적 형편이 비슷비슷한 보통 사람만 있었습니다. 그런데 어느 날, 주변 사람들이 하나같이 주식투자를 시작했다는 걸 알았지요. 주식투자는 먼 나라 얘기인 줄 알았는데 주변에서 대화가 오가는 걸 보니 참 신기합니다. 남들 다 하는데 나라고 못 할까 싶어 과감히 뛰어들었습니다. 그러나 수익을 내기는커녕 몇 차례 돈을 잃은 뒤에야 공부가 부족했음을 알게 되었지요. 탄탄한 경제 지식이 바탕이 되었더라면 좀 달랐을까 하는 후회가 밀려옵니다.

찬희 엄마는 평소 교육에 신경을 많이 씁니다. 맞벌이를 하면서 방문교육부터 학원까지 안 해본 게 없을 정도인데, 경제교육은 이제껏 생각해본 적이 없었어요. 그동안 경제용어가 좀 어렵게 느껴져서 경제 뉴스는 전혀 안 봤습니다. 그런데 이제는 아이의 미래를 위해서 새로운 시도를 해야겠다는 생각이 듭니다. 아이를 가르치기 전에, 나부터 잘 알아야겠다는 생각에 경제신문을 구독하기 시작했습니다. 비록 나는 경제적 자유인으로 가는 길이 멀지만, 내 아이는 다를 것이라고 생각하고 있지요.

많은 부모님들이 국어, 영어, 수학은 열심히 가르치면서 경제는 잘 가르치지 않습니다. 물론 국·영·수는 삶의 지혜를 심는 기초학문이기 때문에 인생에서 중요한 공부이지요. 기초학문이 탄탄해야 사고력과 응용력이 생겨서 상급 학교에서도 잘하고, 사회에 나가서도 성공할 가능성이 큽니다. 그래서 우리는 글 읽고 단어 외우는 게 힘든 일인 것을 알면서도 아이에게 공부를 시킵니다. 지식과 지혜를 갖추고, 사회적 성공을 이룬 어른으로 성장하게 하기 위해서지요.

그런데 사회인의 문턱을 넘은 다음 단계는 그곳에서 살아남는 것입니다. 아이가 건강한 성인으로 성장하여, 경제인으로서 스스로 돈을 벌 능력이 생긴다는 것은 시작 단계에 불과합니다. 삶은 그다음 단계를 계속해서 제시합니다. 결혼을 하거나 집을 사고, 가정을 부양하는 등 월급으로만 대처하기 어려운 일들이 자꾸만 생겨납니다. 그리고 수명은 계속 길어져 우리 아이는 나보다 훨씬 오래 살 텐데, 사회에서는 어느 시점이 되면 은퇴를 하라고 합니다. 은퇴 이후의 삶까지 부모님이 책임져 줄 수는 없는 노릇입니다. 아이는 스스로 자기 삶을 개척해야 하고, 자신의 노년을 책임져야 합니다. 말 그대로 먹고사는 문제이지요.

돈을 아무리 아껴 쓰더라도 최소한으로 써야 하는 돈은 항상 있습니다. 노동력을 팔아서 돈을 버는 시기가 지나고 나면 수익은 줄어들고, 노년은 자꾸 가난해집니다. 긴 인생의 후반부를 살면서 자동적으로 발생하는 수익이 없다면 젊었을 때보다 가난한 노후를 보내야만 합니다. 자본과 경제를 모른다면 나이가 들수록 경제력에 관한 피라미드 구조의 밑단으로 밀려날 수밖에 없습니다. 그래서 우리는 먹고사는 문제에 관해서도 좀 더 관심을 기울여야 합니다.

사실 우리는 돈을 공식적으로 배운 적이 없습니다. 어릴 때 "부자가 되겠다는 결심을 하라." 든지, "돈 굴리는 법을 알아야 된다." 같은 조언을 교육 과정 속에서 들어본 적이 없습니다. 학교에서는 사회 속에서 조화롭게 어울리는 인간이 되도록 가르치고, 학원에서는 시험 점수 올리는 법을 가르칩니다. 대부분의 사람들은 사회에 나와서 자본주의를 몸으로 겪으며 돈의 중요성을 알고 돈 버는 법을 배웁니다. 누가 가르쳐주는 것은 아닙니다. 스스로 부자 되는 길을 찾아나서는 것이지요. 그런데, 만약 부모님이 그 길을 안내해줄 수 있다면 어떨까요? 아이가 부를 불리는 궤도 위에 빠르게 탑승할 수 있지 않을까요?

옛날에는 "애들이 돈 알면 못 쓴다."라고 이야기했지요. 애들은 돈 모르는 게 미덕이었습니다. 이런 옛날 교육이 지금도 맞을까요? 사실 옛날식 교육은 옛날에도 틀렸습니다. 우리 세대가 어렸을 때에도 자본주의 사회였으니까요. 자본주의 사회에서 아이들이 돈을 몰라도 될까요? 돈 공부 안 했던 우리가 현재 어떻게 살고 있는지를 보면 답이 보입니다. 온 세상의 빈부격차는 계속 벌어지고 있고, 어떤 이슈가 있을 때 자산을 불리는 쪽은 이미 부자가 되어 있는 자들입니다. 심지어 충격적인 팬데믹이 덮친 가운데에서도 이를 기회로 삼아 막대한 부를 불린 쪽은 상위 1%의 고소득층과 자산계층이었습니다. 자본주의 사회 속에 살고 있으면서 경제에 관심이 없으면 희생자가 될 수밖에 없습니다. 돈을 굴리지 못하면, 자동 수익을 발생시키는 누군가에게 계속 빚을 갚으며 살아야 하니까요.

무엇이든지 배움은 이를수록 좋다고 합니다. 10대가 되기 전에 피아노도 배우고 운동도 배우고 악기도 하나쯤 배우듯, 돈에 대한 배움도 마찬가지입니다. 우리 아이의 미래는 자본주의라는 바다 속에 들어 있습니다. 그 바다 속에 던져지면 자기만의 방법으로 헤엄을 쳐야 하지요. 부모로서 자녀 양육의 일차 목표는 아이를 성인으로 무사히 키우는 것이지만, 조금 더 높은 목표는 자녀가 성인이 되었을 때 충분히 준비된 경제인이 되도록 돕는 것입니다. 아이가 20세가 될 때까지 백만장자로 키우지는 못하더라도 백만장자처럼 저축하고 투자하는 법을 알도록 키워야 합니다.

노동에 따른 자산의 증가 속도는 아주 느립니다. 하지만 자본에 따른 자산의 증가 속도는 엄청나게 빠르지요. 대부분 부자는 이 속도에 따라 부자 반열에 올랐습니다. 그러므로 지금이라도 자본이 자녀를 위해 일하도록 해야 합니다. 경제교육은 바로 이런 삶의 기술을 익히게 하는 일입니다. 자녀에게 인생에서 가장 유용한 지식을 남겨주고 싶다면, 그건 바로 금융과 투자일 것입니다. 아이가 어릴 때 돈을 가르쳐주세요. 부자처럼 생각하고 부자처럼 투자하는 법을 배우면, 아이는 따라 할 것입니다.

학교에서 돈 공부 안 하는 이유

아이 교육에 대해 기댈 수 있는 곳은 학교와 학원이지요. 그러나 우리 아이에게 합리적인 소비습관, 올바른 투자 관념을 가르쳐주는 사교육은 찾아보기 힘듭니다. 그렇다면 학교는 어떤가요. 학교 교과서를 보면, 아이가 배울 거리가 넘쳐납니다. 경제상식을 배울 틈은 별로 없어 보여요. 초등학교 사회과 교육과정의 목표는 아이들을 민주 시민으로 기르는 것입니다. 아이가 성장해서 사회인이 되었을 때, 다른 사람들과 조화롭게 살면서, 나라에 주인의식을 갖도록 가르칩니다.

초등학교에서 가르치는 경제개념

초등 3-4학년	희소성, 생산, 소비, 시장
초등 5-6학년	가계, 기업, 합리적 선택, 자유경쟁, 경제 성장, 경제 안정, 국가 간 경쟁, 상호 의존성

출처: 2022 개정교육과정

그럼 교과서에서 개인 재정을 다루지 않는 이유는 무엇일까요? 국가 교육과정은 공동체적인 관점이 기본이기 때문입니다. 교과서에서 배울 수 있는 것은 지역, 국가, 세계적 관점에서 본 시장경제입니다. 개인이 부자가 될 수 있게 하는 경제역량은 키워주지 않지요. 우리나라만 그런 것은 아닌 듯합니다. 미국의 교육단체에서 2019년에 밀레니얼 세대(1980년대 초반~2000년대 초반 출생한 세대)를 대상으로 조사를 했는데, 대부분의 학생이 경제교육에 불만이 많았습니다. 응답자 1,009명 중에 84%는 고등학교 교육이 자신의 경제생활에 대해 전혀 대비해주지 않았으며, "학교에서 꼭 해야 하는 교육이 바로 금융교육이다"라고 답했습니다. 이처럼, 금융과 투자를 의무교육과정으로 만든 나라는 세계에서도 사례가 거의 없습니다. 그러면 왜 학교에서는 돈 공부를 안 시킬까요?

글을 안 가르쳤던 역사를 떠올려보세요

역사에 비추어보면, 지역을 막론하고 백성들에게 글을 쉽게 가르쳐주지 않았지요. 신분제와 농노제에서는 많은 수의 시민이 적은 수의 귀족을 위해 일해야 했습니다. 인구의 대부분이 소수를 위해 일해야 하는 구조에서는 대중이 똑똑해지는 것을 막을 필요가 있었습니다. 글을 알면 사람들의 생각이 깊어지고 비판적 의견을 낼 수 있게 되니까요. 그래서 글을 가르치지 않았을 것입니다. 마찬가지입니다. 자본주의 사회에서는 자본이 많을수록 재산을 더 크게 불릴 수 있지요. 자본의 논리를 대중이 알면 소수가 힘들지 않게 누리던 경제적 특혜가 사라질 수 있습니다.

그러나 더 나은 사회로 발전하기 위해서는 창조적 파괴가 필요합니다. 창조적 파괴를 잘 보여주는 역사적 사건은 산업혁명으로, 대표적인 나라는 잉글랜드입니다. 잉글랜드는 기존의 제도를 벗어나 사유재산권을 새로 만들었습니다. 사회 간접자본을 늘리고 재정정책을 바꾸고 금융시장을 확대하는 등, 제도를 많이 바꿨습니다. 창조적 파괴를 과감히 결단하자, 산업혁명이 일어났고 온 나라가 부를 누릴 수 있었습니다. 산업혁명의 영향을 받은 나라들은 모두 창조적 파괴를 하고 부를 재분배했습니다.

반면 산업혁명의 영향권 밖에 있던 나라들은 기존 세력을 고집한 결과, 지금까지도 힘겹게 살고 있습니다. 오늘날 콩고와 같은 나라를 보면 발전이 더디고 가난한 국민이 많습니다. 기꺼이 혁신하면 더 좋은 사회가 된다는 것이 역사적 교훈이지요. 더 많은 사람이 자본의 논리를 깨달으면 전체에게 좋습니다. 어떤 사람들은 뛰어난 성과를 이루고 크게 성공한 후에도 대중들의 멘토를 자처합니다. 더 나은 사회에 대한 꿈이 있기 때문입니다.

학교 나름의 현실적인 이유가 있어요

국가 교육과정을 운영하는 학교는 교과서에 실린 모든 내용을 빠짐없이 가르쳐야 합니다. 가르칠 내용이 많아 오히려 좀 빼고 싶을 정도이지요. 더구나 학교에서 돈 공부 시키지 않는다고 비난할 사람도 없습니다. 학교는 표준화된 지식을 가르치는 곳인데, 돈 공부는 누구에게나 일반적인 지식이 아니라고 생각하기 때문이지요. 교사들 역시 충분한 연수를 받지 않았기 때문에 스스로 자격이 충분하지 않다고 생각합니다.

또한, 학교에서 돈 공부한다고 하면 걱정할 사람들이 많습니다. 돈이 많다고 다 좋은 것은 아니고, 인생에서 돈보다 소중한 것이 많기 때문이지요. 부에 대해 부정적으로 인식하는 사람도 많이 있습니다. 전래동화에서도 욕심 많은 부자는 결국 벌 받고, 착하고 가난한 사람은 행복하게 삽니다. 부에 관한 이런 인식은 여러 연구에서 이미 증명되었습니다. 2003년에 스탠포드 대학교에서 실시한 심리학 연구와 2007년 뉴욕대학교에서 주관한 심리학 연구에서는 일반적으로 사람들이 '돈이 많으면 불행할 것이다'라고 생각한다는 사실을 밝혔습니다. 그렇게 생각해야 정서적인 위안이 되기 때문입니다. 부자든 가난한 사람이든 상관없이 말이지요. 부유한 사람은 남들보다 많이 누린다는 사실에 대해 죄책감을 덜 느끼게 되고, 가난한 사람은 부자들이 부족한 점 하나는 있을 거라 여기며 좌절감을 덜어냅니다. 이런 정서적 위로는 눈만 뜨면 보이는 경제적 불평등을 좀 더 편안하게 받아들이는 장치가 됩니다. 부자들이 돈은 많지만 다 행복하지는 않으리라 생각하며 경제적 불평등을 받아들이는 것이지요.

그러나 2012년에 소득과 주관적인 행복감과의 상관관계를 분석한 뉴질랜드 심리학 저널 심리학 연구에 따르면, 실제로는 부자가 더 행복하게 삽니다. 가계 수입이 많을수록 필요한 것을 살 수 있으므로 주관적인 웰빙 지수가 높아집니다. 그래프를 보면, 돈이 많을수록 행복지수는 높아지고 반대로 스트레스는 줄어든다는 것을 알 수 있습니다.

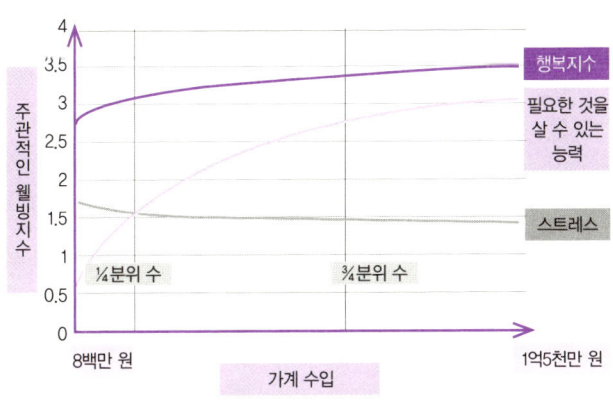

출처 : 소득과 주관적인 행복감의 상관관계. 2012년 뉴질랜드 심리학 저널

이 연구에서는 가난한 사람이 행복할 것이라는 견해에

문제점이 있다고 지적합니다. 왜냐하면 부자들은 돈이 많아야 행복하다는 사실을 굳이 알리지 않고, 가난한 사람은 돈을 너무 많이 벌면 그만큼 희생할 것이 있다고 믿으며 노력하지 않게 되기 때문입니다. 이는 곧 경제적인 불평등을 받아들이는 것이고, 시스템을 정당화하는 것입니다. 사실상 부자가 불행하다는 믿음은 빈부격차를 정당화합니다. 부에 대해 부정적으로 인식할수록 경제적 불평등과 양극화가 더욱 심해집니다. 그러나 우리 아이들에게만큼은, 부의 진실을 알려주고 부를 누리며 살도록 안내해줘야 하지 않을까요?

돈 배우기 가장 좋은 곳

그러나 엄마와 아빠에게 주어진 아이 교육에 관한 과제는 이미 산더미 같습니다. 엄마표 교육이 아무리 가성비가 좋다 해도, 경제교육까지 가정에서 책임져야 할 이유가 있을까요?

경제관념은 지식이 아니라 정체성

우리는 보통 어떤 사람을 두고 경제관념이 있는 사람이

라고 표현하나요? 거시경제와 한계효용의 뜻이 무엇인지 설명할 줄 아는 사람이 아니라, 자신을 "나는 돈을 절약하는 사람이야." 또는 "나는 위험을 감수하고 더 높은 수익을 낼 수 있는 사람이지."처럼 인식하는 사람을 두고 '경제관념이 있다'고 말합니다. 이런 경제관념은 어디에서 오는 것일까요? 이자의 개념, 부채의 뜻을 어떤 특강에서 배웠다고 해서 경제관념이 생겼다고 볼 수 있을까요? 경제관념은 하루 이틀 사이에 마법처럼 생기는 것이 아닙니다. 어느 교육기관에서 한 학기 강의를 수강한다고 해서 재정관리 능력을 단숨에 얻을 수는 없습니다. 어릴 적 숫자 익히기부터 수학적 개념이 형성되어 고등학교 때 미적분을 풀 수 있게 되는 것처럼, 경제관념 역시 서서히 쌓이는 것입니다. 경제관념은 지식이라기보다 정체성에 가깝습니다.

학교보다 가정에서 아이에게 깊은 정체성을 심어줄 수 있는 분야가 바로 정치와 경제입니다. 예를 들어 어떤 정치적 편향성을 지닌 가정에서 자라나면 자신도 모르게 굳건한 정치성향을 지니게 되지요. 경제관념도 마찬가지입니다. 아이는 부모님과 돈에 관한 이야기를 나누면서 경제관념을 형성해나갑니다. 일상 대화에서 돈에 관한 자기 정체성을 만들어가는 것이지요. 갖고 놀던 물건이 망가졌을 때 "새로 사면 돼."라는 말을 듣고 자라면 그것이 자신의 경제관념이 됩니다. 엘리베이터 버튼을 마구 눌렀을 때 이웃이 "전기세 나간다."라고 말하면 작은 행동이 절약이 될 수 있다는 생각을 하게 됩니다.

보통 우리는 사회적 에티켓을 특별히 배우지 않았더라도 아이에게 공공예절을 가르치지요. 반면에 경제에 관해서는 부모님 대부분이 잘 모른다고 생각하며 물러섭니다. 그러나 사실 우리는 늘 경제활동을 하면서 살지요. 현대인들에게 숨 쉬듯 자연스러운 일이 경제활동입니다. 아이들은 생활 속에서 자연스럽게 경제를 배울 수 있어요. 엄마와 함께 은행에 가면서, 거스름돈을 받아 저금통에 넣으면서, 주식 창을 어깨너머 들여다보면서도 배웁니다. 용돈을 다 썼을 때도 먹고 싶은 과자를 그림의 떡처럼 바라보며 체득하는 것이지요.

아이들은 짧은 순간에도 부모님의 경제 감각을 흡수합니다. 경제교육이 가정에서 가장 효과적으로 이루어질 수 있는 이유가 바로 여기에 있지요. 작은 주의를 기울이는 것으로도 경제관념을 형성할 수 있기 때문입니다. 아이가 동전을 갖고 놀 때, 아이와 함께 계산대 앞에 섰을 때, 좋아하는 만화를 보던 중에 광고가 나왔을 때, 할아버지께 용돈을 받았을 때를 놓치지 마세요. 크기가 큰 동전과 작은 동전의 가치가 다르다는 것, 물건마다 값어치가 다르다는 것, 장난감 회사가 하필 지금 광고하는 이유가 있다는 것, 갑작스레 생긴 돈이 목돈이 될 수 있다는 것을 알려줄 기회입니다. 어려운 경제교육에 쉽게 접근하는 방법이 바로 이런 짧은 순간에 있어요. 아이가 사회현상에 의문을 갖는 짧은 순간을 놓치지 않고 경제 원리를 설명해주세요. <u>부모님에게 가장 빠르고 안전하게, 효과적으로 배울 수 있는 것이 돈입니다.</u>

2

왜 부자가 되어야 할까요?

비결은 자격 대신 자산

자격증을 가진 사람들은 대개 훌륭한 사람으로 여겨집니다. 자격증은 개인의 노력으로 스스로 쟁취해낸 것이기 때문에 그 가치가 높아요. 얻기가 무척 어렵기 때문에 희소성이 있고, 또 사람들에게 인정받으며 돈을 벌 수 있기 때문에 수요가 많지요. 자격증에 아쉬운 점이 있다면, 바로 아이에게 고스란히 물려줄 수가 없다는 점입니다. 부모가 가진 능력을 자녀에게 전해줄 수는 없지요. 자녀가 똑같이 열심히 공부를 해야 같은 자격증을 얻을 수가 있습니다. 하지만 자녀는 종종 부모와는 다르지요. 공부에 관심이 없는 경우도 많습니다.

공부를 많이 해서 자격증을 따면 정말로 부를 누릴 수 있을까요? 아이가 열심히 공부해서 얻은 자격증이 그다음 세대까지 부자로 만들어줄 수 있을까요? 학교 다닐 때 공부 못했던 내 친구가 나보다 더 잘 사는 이유, 뭘까요? 바로 자격 대신 자산을 가졌기 때문입니다. 자격資格은 재물 자資와 격식 격格을 합친 말로, '돈을 벌 수 있는 지위'입니다. 자산資産은 재물 자資와 낳을 산産을 합친 말로, '돈을 낳는 것' 즉, 황금알을 낳는 거위와 같은 원리를 일컫습니다. 자격資格 대신 자산資産을 가진 사람들은 부를 물려줄 수가 있습니다. 물려줄 수 있는 부를 가진 부모는 자손을 대대로 부자로 만들 수도 있습니다. 아이가 자격증을 갖도록 공부시키는 것도 중요하지만, 자산을 가질 수 있는 아이로 키우면 부가 대대로 이어질 가능성이 높지요.

특히 우리나라에는 자수성가형 부자보다 상속받은 부자가 많습니다. 전 세계 억만장자에 대한 《포브스Forbes》의 통계를 보면 미국, 중국, 일본의 부자들은 대부분 기업가 정신을 통해 부를 창출합니다. 미국의 부자들은 25%가 재산 상속을 통해 부자가 되었고, 나머지 75%는 회사를 창업하여 부를 쌓았습니다. 일본의 부자들은 30%가 상속으로 부자가 된 케이스이고 나머지 70%는 스스로 부를 창출했습니다. 중국의 상속받은 부자는 단 2.5%뿐이며, 대부분은 창업으로 부자가 되었습니다. 우리나라에서는 현재 가장 부유한 10명 가운데 6명이 상속받은 부자입니다. 자산을 물려준 사람은 많고 스스로 자산을 만들어낸 사람은 비교적 적습니다.

최근에는 눈에 띄는 변화도 보이고 있습니다. 한국 부자 최상위에 스타트업 기업가들이 올라있는 것이 보입니다. 제약, 메신저, 게임업계의 혁신적 기업가들이 신흥 부자로 등장하고 있는 것이지요. 이런 신흥 부자들은 모두 자수성가했다는 특징이 있습니다. 셀트리온 서정진 회장은 대학교 재학 당시 학비 마련을 위해 택시 운전사로 일했고, 이후 샐러리맨을 거쳐 중소·중견기업 운영자에서 대기업 총수가 되었습니다. 21세기 한국 최고의 발명품으로 꼽힌 카카오톡의 창립자 김범수 의장의 가족은 농사를 짓다가 서울로 상경했는데, 어려운 가정 형편 속에서도 공부를 지속하여 온라인 게임포털 회사를 성공시켰습니다. 넥슨의 창립자 고(故)김정주 회장은 대학 시절 골프장 사업을 위한 기업을 세웠고, 대기업의 소프트웨어 하청 일을 시작하면서 업계에 들어왔습니다. 스마일게이트 권혁빈 의장은 삼성에 입사할 기회를

마다하고 삼성물산 벤처투자팀으로부터 투자를 받아 회사를 설립했습니다.

이런 혁신산업의 기업가들은 모두 스스로 자산을 만든 사례입니다. 우리 아이들의 미래가 이런 혁신 기업가의 모습이 되어야 하지 않을까요? 우리나라의 자수성가형 부자가 좀 더 늘어야 하지 않을까요? 최근 우리나라에 다양한 지원 사업을 기반으로 창업 열풍이 불고 있긴 합니다. 하지만 현실을 들여다보면, 입사하기 위한 멋진 스펙 중의 하나로 창업을 활용하는 모양새입니다. 훌륭한 스펙으로 직장인이 되기보다 자기 회사의 주인이 되도록 해야 합니다. 남을 위해 일하지 말고 나를 위해 일하라고 조언해야 합니다. 좋은 회사에 취직해서 돈 많이 벌라고 하는 것보다 창업해서 회사를 소유하라고 말해야 합니다. 돈을 벌기 위해 일하는 사람이 아니라 돈이 나를 위해 일하는 사람이 되어야 훨씬 행복합니다.

해외의 뛰어난 기업가들은 자녀에게 자산 만드는 힘을 길러주는 것으로 유명합니다. 부모가 부자이더라도 자녀가 저임금 일자리를 비롯해 다양한 경험을 쌓도록 하고 직접 돈을 벌게 하지요. 세계의 억만장자들은 책상 앞에만 앉아 있지 않고, 저임금 일자리를 찾아다녔습니다. 워런 버핏^{Warren Buffett}은 13살 때 신문 배달로 직접 용돈을 벌었고, 초등학생 때 투자수익으로 선생님보다 더 많은 월급을 받고 있었습니다. 오프라 윈프리^{Oprah Gail Winfrey}는 식료품 가게에서 점원으로 처음 일을 시작했고, 16살 때 방송에 도전했습니다. 블룸버그통신의 CEO이자 108대 뉴욕 시장을 역임한 마이클 블룸버그^{Michael Bloomberg}의 부모님은 중산층이었지만, 그는 주차관리원으로 일하며 돈을 벌어 대학 등록금을 냈습니다. 아마존의 창립자 제프 베이조스^{Jeff Bezos}는 16살 때 맥도날드에서 햄버거 패티를 뒤집으면서 창업 아이디어를 얻었습니다.

큰 성공을 일군 부자들의 경력에서 주목할 점은, 자기 열정에 따라 일을 시작했다는 점입니다. 신문 배달, 점원, 주차관리원을 마지막 직업이 아니라 첫 번째 직업으로 삼고, 마지막 직업을 최고의 직업으로 만들면 됩니다. 조금 어렵고 위험하지만, 아이가 즐길 수 있는 길을 가라고 독려해야 합니다. 자격 대신 자산을 가지는 길도 있다는 것을 아이에게 알려주세요. 내 아이의 미래는 혁신적 기업가의 모습일 수 있습니다. 한국의 자수성가형 부자 비율을 높이는 주역 중의 한 명이 될 수도 있습니다.

자산의 가치가 하루가 다르게 높아지면서 내가 가진 자격증보다 자산이 더 높게 평가받는 시대입니다. 한 사람이 식견이 얼마나 높은가, 전문성이 있는가보다는 어떤 자산을 얼마만큼 가졌느냐가 중요한 문제가 되었습니다. 우리 자녀가 안정적인 미래를 꿈꾸며 책상 앞에 앉아있다고 해서 정말로 안정적인 미래가 보장되는 것은 아닙니다. 공부해서 잘 먹고 잘살 수 있는 사람들은 상위 몇 퍼센트에 불과할 것입니다. 대부분의 사람들은 경제와 관련한 삶의 기술을 익혀서 재산을 모으죠. 우리 자녀 역시 좀 더 과감해야 합니다. 자녀를 부자로 키우고 싶다면, 아이가 직접 돈을 벌게 해야 합니다. 일을 해서 스스로 번 돈으로 투자를 해야 합니다. 공부하느라 일거리를 찾아다닐 시간이 없다고 한다면 어린 시절에 배울 수 있는 중요한 배움의 기회를 놓치는 것입니다.

Q&A
코로나19의 유행이 어떻게
부자에게 이익을 가져다주었나요?

전 세계에 통용되는 기축통화인 달러를 발행하는 곳은 미국 연방준비은행Fed이지요. Fed에서는 코로나19로 인해 얼어붙은 경기를 활성화시키려고 달러를 많이 발행했어요. 양적 완화라고 하는 이 방법은, 경제 성장을 돕고 실업률을 낮추는 데 도움이 됩니다. 그러나 양적 완화에 따르는 결과 중 하나는 금융 자산의 가격이 상승한다는 것인데요. Fed의 데이터에 따르면, 상위 5% 부자들이 전체 금융 자산의 최대 60%를 소유하고 있으며 코로나19 팬데믹(세계적 대유행)을 거치며 자산의 가격이 껑충 뛰었습니다.

양적 완화 조치는 사실상 부자들에게만 도움이 되었어요. Fed가 발행한 돈은 진공청소기처럼 부자들에게 빨려 들어갔습니다. 부자들은 돈의 양이 많아졌을 때 현금을 자산으로 바꾸었고, 그 자산은 지금도 계속 돈을 벌어들이고 있습니다. Fed의 통계에 따르면, 2020년 코로나19 위기에도 미국 가계 자산이 사상 최대 폭으로 증가하였는데요. 가계 자산이 증가한 이유는 '돈 풀기'에 따른 주가 상승과 집값 상승이 원인이었지요. 즉 주식이나 주택을 많이 보유한 고소득층과 자산계층이 가장 많은 혜택을 보았습니다. 상위 1%의 자산 가치는 무려 30%나 증가한 반면, 하위 20%의 자산 가치 증가 비율은 단 0.37%에 그쳤습니다.

함께해보아요
자산의 가치를 이해시키는 법

색종이 한 장으로 아이에게 자산의 가치를 설명할 수 있어요. 색종이를 2번 접어 4등분하면 4칸이 생기죠? 돈 모양 스티커 1장을 각 칸에 붙입니다. 돈 하나가 차지하는 면적이 그 돈의 가치입니다. 어떤 이유로 인해 돈 모양 스티커가 많이 발행되었다고 합시다. 이제 불어난 스티커를 색종이 한 장 안에 다 붙여야 해요. 색종이를 4번 더 접으면 16칸이 생기고, 돈은 모두 16개가 되었습니다.

돈 하나가 차지하는 면적이 훨씬 작아졌습니다. 돈의 가치가 떨어진 거예요. 이제 색종이 위에 큰 지우개 하나를 놓아볼까요? 색종이를 아무리 접어도 지우개의 가치는 변함이 없습니다. 오히려 색종이 등분 면적이 좁아지면서 돈 스티커가 좁은 면적에 더 많이 모이게 됩니다. 지우개의 가치가 올라갈 뿐이지요. 이 지우개는 건물이나 땅, 금, 주식 같은 자산을 의미합니다.

자산 가치 이해시키기

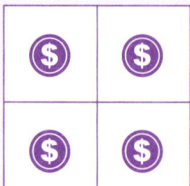
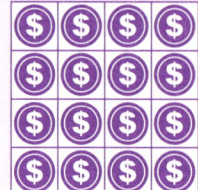

부자 씨앗을 찾는 법

경제교육 주제를 연구하면서 미국 샌디에이고 주의 비영리단체 마인드 트레저^{Mind Treasures}와 교류할 기회가 있었습니다. 처음 이 단체에 자료 요청을 할 때, 홈페이지에 적힌 이 글귀에 온 마음을 빼앗겼습니다.

"All people are already born rich with abundance of potentials(모든 어린이는 부자로 태어난다)."

저는 이 글귀를 '부자 씨앗'이라고 이름 짓고, 아이들과 경제특강을 진행할 때마다 이 개념을 꼭 전달하고 있습니다. 모든 사람은 부자가 될 가능성을 갖고 태어나며, 우리의 목표는 아이가 가진 가능성, 즉 씨앗을 발견하도록 돕는 것이지요.

부자 씨앗은 다른 말로는 강점 또는 적성이라고도 할 수 있습니다. 현대경영학을 확립한 피터 드러커^{Peter Drucker}는 자신의 강점에 집중해야 한다고 말하고 있습니다. 효과적인 사람은 강점을 활용하여 생산성을 최대로 높이지요. 모든 사람들은 스스로 자기 강점을 잘 안다고 생각하고 삽니다. 하지만 실제로는 전혀 그렇지 않다고 해요. 사람들이 제대로 알고 있는 것은 기껏해야 자기 약점일 뿐입니다. 자기 약점은 세상에서 내가 제일 잘 알지만, 자신이 잘하는 일, 해낼 수 있는 일, 하고 싶은 일이 무엇인지는 잘 모른다는 것이죠. 피터 드러커에 의하면 약점을 보완하는 것보다 내가 잘할 수 있는 일, 나만이 가진 강점에 집중하는 편이 훨씬 효율적입니다.

세계적인 부자들은 주변 사람들이 모두 제정신이 아니라고 말할 때, 오히려 기회라고 생각하고 결단을 내렸다.

《억만장자 시크릿》의 저자 라파엘 베지아그Rafael Badziag는 세계적인 부자들의 공통점 중 하나를 이렇게 말했습니다.

성공한 사람들이 남의 의견에 휘둘리지 않을 수 있었던 이유는 자기 자신에 대한 확신이 있었기 때문입니다. 확신은 자기를 잘 아는 데서 오지요. 자기를 잘 알면, 어떤 위기와 만났을 때 도약해야 할 때인지 움츠려야 할 때인지를 정확히 판단할 수 있습니다. 자기 강점을 잘 알고 있기 때문에 남들이 '하지 말라'는 조언을 해도 과감히 직관에 따를 수 있지요. 기업가에게는 이런 결정 하나가 수십억 원을 버느냐, 아니면 파산하느냐를 결정짓습니다.

그러면 어떻게 우리 아이의 강점을 발견할 수 있을까요? 그 방법은 성공일기에 있습니다. 성공일기는 오늘 하루 아이가 스스로 해낸 일을 적어보게 하는 것입니다. 오늘 하루 잘한 일, 스스로 해낸 일, 성공한 일이라면 무엇이든지 좋아요.

스스로 가방을 챙긴 일, 엄마의 도움 없이 숙제를 해낸 일, 그네 앞에서 줄을 서서 잘 기다렸던 일, 엄마를 웃게 한 일도 성공한 일입니다.

초등 1학년 성공일기의 실제 사례

3/5
오늘은 내가 성공일기를 썼다.
나는 아침부터 친구들을 도와주었다.
나는 오늘 아침에 친구들에게 인사를 했다.
나는 혼자 성공일기를 썼다.
나는 오늘 급식을 다 먹었다.

3/6
나는 오늘 만화를 더 보고 싶었는데 참았다.
나는 오늘 아이스크림을 언니에게 양보했다.

3/7
나는 그림 그릴 때 손이랑 손목이 아팠는데 참았다.
나는 오늘 오리너구리 그림을 그려서 엄마를 웃겼다.
나는 엄마를 행복하게 만들었다.

똑똑하고 착실한 수많은 어린이들과 함께 경제 공부를

하면서, 으레 던지는 질문이 있습니다.

"인생의 성공은 로또 같은 빅 이벤트일까요? 아니면 매일 작은 성공의 총합일까요?"

이러한 질문을 던지면 어떤 아이들은 대답을 하기도 전에 뭔가를 깨달은 듯 "아!" 하고 탄성을 지릅니다. 대부분의 아이들이 답을 알고 있지요. 정답은 후자입니다. 수많은 성공한 사람들이 하나같이 말하는 것이 있습니다. 하루아침에 일어난 것처럼 보이는 인생의 큰 성공은 결코 돌발적인 이벤트가 아니라는 점입니다. 오늘 세 가지의 작은 성공을 한 아이는 내일 또다시 성공적인 아이가 될 거예요. 매일 자신의 성공을 확인한 아이는 10년 후에 얼마나 더 성공적인 삶을 살고 있을까요? 자신에 대한 확신을 갖추는 데 이만큼 유용한 도구가 없습니다.

초등 시기에 가장 중요한 것 중 하나는 아이의 자신감이 자라나야 한다는 것이지요. 아이가 "난 뭐든 해낼 수 있어!" 하는 자신감에 가득 차 있어야 합니다. 성공일기는 바로 이런 자신감 있는 아이로 키우는 한 가지 방법입니다.

성공일기를 꾸준히 쓰면 자기가 뭘 잘하는지 알게 됩니다. 남에게 어떤 도움을 줄 수 있는 사람인지 발견하게 되지요. 축적된 성공일기는 우리 아이의 맞춤형 빅 데이터와 같습니다. 아이는 믿음직한 근거자료를 바탕으로 중요한 결정에 앞서 가장 좋은 선택지를 고를 수 있게 됩니다. 자신감이 있는 아이는 약간의 위험도 감수합니다. 새로운 사업에 도전하는 용기를 내고, 변동성 있는 주식에 투자하는 의지도 보입니다. 내 아이의 부자 씨앗을 성공일기에서 찾아보세요. 근거 있는 자신감으로 진로의 방향을 올바로 잡을 수 있습니다.

자기 업을 찾아내는 아이

"굳이 부자가 되고 싶지는 않아요."

한 강의에서 들었던 답변입니다. 이 어린이는 매우 적극적으로 진로를 탐색하고 활동에도 열정적으로 참여하는 상위권 학생이었지요. 그래서 이 답변을 듣고 매우 당황했던 기억이 납니다. 왜냐하면 자기가 만든 제품을 판매한 경험이 있을 정도로 완성된 어린이 창업가였거든요. 무엇이 이 학생을 굳이 부자가 되고 싶지는 않게 만들었을까요? 아마도 내면에 잠자고 있는 생각 가운데 "부자는 나쁜 거야."라는 생각이 있기 때문일 거예요.

적당히 벌어 적당히 먹고 살아도 충분하다, 물론 틀린 말이 아닙니다. 그러나 우리는 인생에서 좀 더 많은 것을 누릴 권리가 있습니다. 이왕이면 좋아하는 브랜드의 옷을 입고, 온 가족이 함께 휴양지에서 여행을 즐기고 싶어요. 노년이 되어서도 인생을 즐기고 싶습니다. 매일 같은 반찬에 밥 먹는 것보다 근사한 레스토랑에 얼마든지 갈 수 있다면 인생이 더 즐거울 거예요. 하지만 부자가 안 되겠다고 생각하는 사람이 부자가 될 가능성은 0%입니다. 시간적 자유, 경제적 자유를 마음껏 누리는 어른으로 키우고 싶다면 부자가 되도록 키워야 합니다.

요즘 부모님들은 우리가 자라던 때와는 확연히 다른 시대 분위기를 피부로 느끼고 있습니다. 저금리 시대가 오래 지속되면서 돈의 양은 계속 늘어나고 저축 이자는 너무 적습니다. 아껴서 저금만 해서는 자산의 크기를 불릴 수 없다는 것을 이제 모두 알고 있습니다. 저성장의 늪에서 자라는 아이들에게 필요한 것은 자기 업을 창출하는 능력과 투자를 경험할 기회입니다.

많은 부모님의 일차 목표는 아이를 공부시켜서 좋은 대학에 보내는 것입니다. 전문직이 되면 성공한 삶을 살 수 있을 테니까요. 문제는 따로 있어요. 여유로운 삶이 보장되는 자격증을 얻을 만큼 공부에 재능이 뛰어난 케이스는 몇 퍼센트에 불과하다는 점이지요. 공부를 잘 해서 먹고살 아이라면 부모가 아등바등하지 않아도 스스로 공부하는 법을 익힐 것입니다. 그렇지 않은 아이라면 시야를 조금만 넓혀보세요.

내 아이가 공부에 소질이 없다면, 적극적으로 아이의 관심사와 열정을 탐색할 기회입니다. 남들이 가니까 우리 아이도 보내는 학원이라면 그만두고, 아이의 관심사와 열망이 어디에 있는지를 빨리 찾아야 합니다. 자녀가 어떤 방식으로 남들에게 도움이 될 수 있는지를 찾아보세요. 경험의 폭을 넓히는 시기는 초등학교와 중학교 자유학기제입니다. 돈을 벌어보고 직접 투자하면서 자본가 마인드를 가르쳐주세요. 아이가 가진 흥미를 발견하고 그것을 어린이 사업으로 연결해보세요. 자신을 탐구하고 발견하면서 창업가의 길로 들어서도록 부모님이 이끌어주세요.

색채와 개성이 뚜렷한 아이일수록 자기만의 틀을 새로 짜야 합니다. 기존 직업에 아이를 끼워 맞추는 것이 아니에요. 내 아이로부터 업이 창출되는 것입니다. 학원을 뱅글뱅글 돌며 하라는 공부만 하다 보면, 나만의 것을 찾을 틈이 없습니다. 최근 여러 기관과 온라인 강의 플랫폼을 통해서 전국의 어린이들을 많이 만났습니다. 선생님의 강의를 어떻게 알게 되었냐고 물어보면, 대개 두 가지로 대답합니다. '경제에 관심이 있어서'이거나, '엄마가 추천해서'가 아이들 대답이지요. 어린 나이에 경제가 궁금한 아이들은 똑똑한 학생이고, 엄마의 말을 잘 듣는 아이들은 착실한 학생입니다. 훌륭한 학생이라 기대가 높아서일까요? 평소에도 일정이 많고, 방학이면 더 바쁜 모습이었습니다. 스케줄을 소화하는 아이들의 눈에 생기가 없을 때는 간단한 질문에도 이렇게 답합니다. "모르겠어요." 해야 할 일들이 밀려 있는 상황 속에서, 자기 자신을 알아갈 여유가 없어 보였습니다.

    우리 아이가 가질 직업은 누구 밑에 들어가 일하는 직업이 아닙니다. 스스로 개척하는 직업입니다. 변화의 속도가 빨라지고, 지금껏 본 적 없던 직업이 뜨고, 새로운 부자는 계속 생겨날 것입니다. 지금은 좋은 직업이지만 미래에는 무엇으로 대체될지 누구도 알지 못합니다. 우리 아이는 부모를 만족시키는 삶을 넘어 스스로 만족하는 삶을 살아야 합니다. 결국 자신의 업을 찾아내는 아이로 키우는 것이 답입니다.

돈을 모으는 이유

"돈 모으면요? 게임 현질(온라인 게임 아이템을 현금을 주고 사는 것) 하고 싶어요."

아이에게 돈을 모아 뭘 하고 싶으냐고 물어보면 으레 돌아오는 대답입니다. 부모님 입장에서는 아이에게 제대로 된 목표가 없는 것 같아 답답하지요. 왜 우리 아이는 부모님이 기대하는 그럴 듯한 목표의식이 없을까요? 요즘 아이들의 주변에는 늘 먹을 것, 입을 것, 즐길 것이 풍족합니다. 집에는 늘 깔끔한 옷이 있고 휴대전화만 있으면 즐거운 시간도 가질 수 있습니다. 뭔가 부족해본 적이 별로 없어요. 원하는 것은 뭐든지 쉽게 얻을 수 있는 환경 속에 있으니 열망이 자라지 않습니다. 대신 엄마가 못하게 하는 게임만 희소성이 높아집니다. 현명한 부모는 넘치게 사랑을 주고 좀 부족하게 키운다는 말이 있지요. 필수적인 것들 빼고, 물질적인 결핍을 아이에게 조금 주는 게 나을 수 있습니다. 뭐든지 풍족한 곳보다는 필요가 있는 곳에서 열망이 자라기 때문입니다.

또, 돈을 모아 이루고 싶은 목표는 물건뿐 아니라 경험일 수도 있습니다. 세상을 탐험해본 아이에게는 궁금한 것들이 생겨나지요. 자신이 경험해본 것들 중에서 소중한 사람, 소중한 물건, 꼭 해보고 싶은 것, 가보고 싶은 곳, 만나보고 싶은 사람, 곁에 두고 싶은 물건이 있습니다. 돈으로 과자만 사 먹을 수 있는 게 아니라, 경험도 사고 추억도 사고 가족과의 즐거운 시간도 사고 좋아하는 가수를 만나러 갈 수도 있다는 걸 알려주세요.

아이가 돈을 많이 모아서 하고 싶은 일, 갖고 싶은 물건이 무엇인지 정해보세요. 자신이 돈을 모으는 이유가 뚜렷해야 소비를 절제할 수 있습니다. 누구나 소비하고 싶은 욕구 앞에서는 나약해집니다. 아이들뿐 아니라 어른도 마찬가지예요. 오랫동안 참고 저금하는 것보다는 돈을 쓰면서 즉각적인 만족감을 얻는 것이 훨씬 쉽고 달콤합니다. 저축을 잘 하고 소비를 덜 하는 사람들의 비결은, 자신이 원하는 것을 명확하게 알고 있다는 것입니다. 단순히 부자가 되고 싶어서 돈을 모으는 게 아닙니다. 돈이 많으면 할 수 있는 일이 많기 때문에 부자가 되고 싶은 것이지요. 우리의 목표는 돈에 있는 것이 아닙니다. 돈으로 가질 수 있는 물건과, 할 수 있는 경험에 있습니다.

조회수가 1540만 회에 달할 만큼 유명한 테드 강연자 Simon Sinek은 훌륭한 리더에 관하여 다음과 같이 말했습니다.

"사람들은 어떤 일을 할 때에 '내가 무슨 일을 하고 있는지'는 잘 압니다. 좀 똑똑한 사람은 '어떻게 그 일을 할 수 있는지'도 압니다. 그런데 '왜 그 일을 해야 하는지' 아는 사람은 매우 드뭅니다."

내가 왜 이 일을 하는지를 아는 사람들이 바로 혁신적인 기업을 만들고 부를 축적하지요. 이런 사람들은 과정에 어려움이 있더라도 잘 극복을 합니다. 왜 이 어려움을 이겨내야 하는지를 알기 때문이지요. 그래서 우리는 스스로에게 먼저 이것을 물어야 합니다.
"왜 부자가 되고 싶은가?"
"나에게 왜 돈이 많아야 하는가?"
"돈을 많이 모아서 하고 싶은 일이 무엇인가?"
돈을 모아야 하는 이유를 알고 나면, 아이는 소비의 유혹을 참을 수 있습니다.

어떻게 하면 아이가 '그럴듯한' 목표를 가질 수 있을까요? 우선 아이가 원하는 것들을 모두 적어보세요. 어린아이라면 산타 할아버지께 받고 싶은 선물을 적어봅니다. 아이가 갖고 싶은 물건이 장난감이라면 그냥 장난감이라고 쓰지 말고 정확히 특정해보세요. 장난감 가게를 방문해서 정확히 얼마짜리 무엇을 갖고 싶다고 정하는 거예요. 원하는 모든 것을 적고 순위를 매깁니다. 집을 갖고 싶다면 부동산 앱에 들어가서 원하는 위치에 어떤 집들이 있는지 살펴보고 가격을 적어요. 차를 갖고 싶다면 여러 자동차를 검색해보고 브랜드와 가격을 적어보아요. 작은 목표든 큰 목표든 상관없이 모두 열 가지 리스트를 만들어봅니다. 그리고 그중에 세 가지를 뽑아보세요.

다음의 표는 저와 함께 엄마표 경제교육을 실천했던 부모님과 아이가 중장기 목표 리스트를 직접 써본 예시입니다.

부모와 아이의 중장기 목표 쓰기 예시(☑ 3가지 선택)

부모님이 쓴 부자가 되고 싶은 이유 10가지	아이가 쓴 부자가 되고 싶은 이유 10가지
1. 선한 영향력을 행사하고 싶다. ☑	1. 팽이를 살 수 있다. ☑
2. 건강한 삶을 살 수 있다.	2. 마당이 넓고 수영장 있는 집에서 살고 싶다. ☑

3. 하고 싶은 일을 하며 살 수 있다. ☑	3. 게임기를 살 수 있다. ☑
4. 가족과 함께할 수 있는 시간이 많아진다. ☑	4. 가족들과 오래 살 수 있다.
5. 부모님, 형제, 친척들에게 잘할 수 있다.	5. 커다란 TV를 볼 수 있다.
6. 좋은 집, 좋은 차를 살 수 있다.	6. 맛있는 것도 많이 먹을 수 있다.
7. 여행, 취미생활을 마음껏 할 수 있다.	7. 스마트폰을 살 수 있다.
8. 인생을 살며 돈으로 인한 제약을 없앨 수 있다.	8. 태블릿PC를 살 수 있다.
9. 더 큰 부자가 될 수 있다.	9. 가고 싶은 곳에 갈 수 있다.
10. 내 자식, 손자 또한 위의 아홉 가지 혜택을 누릴 수 있게 한다.	10. 좋은 차도 탈 수 있다.

 오늘 오후에 사먹고 싶은 과자는 단기적인 목표이죠. 중요한 목표가 아닙니다. 중요한 것은 단기 목표가 아니라, 중장기 목표입니다. 열 가지의 리스트를 적어보셨나요? 그중에서 중기 목표 2가지, 장기 목표 1가지, 총 3가지를 뽑아봅니다. 중기 목표는 올해 안에 이룰 수 있는 것이고, 장기 목표는 10년 후를 바라봅니다. 기한은 더 길거나 짧게 잡을 수 있

습니다. 핵심은 중기 목표는 아이가 몇 개월간 돈을 모아 달성할 수 있는 목표이고, 장기 목표는 단순히 미래의 행복한 삶을 위해서 어려서부터 저축하고 투자하는 목표라는 점입니다. 목표가 중요한 이유는 왜 소비하지 않고 저축해야 하는지를 알려주기 때문입니다. 목표를 떠올려본 사람은 그렇지 않은 사람보다 훨씬 더 실천을 많이 하지요. 돈을 모으는 이유가 확실하고, 그것을 얻기 위해 돈이 필요하다는 것을 알게 되면 누구든 저금을 시작합니다. 아이가 원하는 중장기 목표를 달성하려면 충분한 돈이 있어야 한다는 사실을 알려준 후에, 저금통을 준비해보세요.

3

아이에게 돈을 맡기세요

용돈을 많이 줘야 하는 이유

"아이에게 용돈 얼마나 주세요?"

수많은 특강을 진행하면서 빠지지 않고 던지는 질문입니다. 돌아오는 대답은 천차만별입니다. 취학 전 일곱 살 아이에게도 주기적으로 용돈을 준다고 대답하는 부모님이 있는 반면, 6학년이지만 아직 용돈을 주지 않고 있다고 말씀하시는 경우도 있습니다. 용돈도 주고, 일을 시켜서 스스로 돈을 벌게끔 유도한다는 분도 적지 않습니다. 이런 부모님들께 좀 더 여쭈어보면, 정말로 아이는 기다려준 만큼 자란다는 것을 느낄 수 있습니다. 어릴 때부터 교육해온 아이는 초등 4학년밖에 안 됐어도 주말이면 아침 준비를 스스로 하고, 실내화 빨기도 스스로 합니다. 초등학교 입학만 해도 과일 깎기 정도는 아이가 맡아서 할 수 있다고 대답하십니다.

강의에서 용돈에 대한 질문을 던지는 이유가 있습니다. 전 세계적으로 부유하기로 이름난 민족이 어느 민족인가를 생각해보면, 대부분 정답을 알고 계시지요. 바로 유대인입니다. 유대인들이 열 살배기 아이에게 얼마나 돈을 맡기는지도 알고 계실까요? 성인식을 일찍 치르게 하면서, 우리나라의 결혼식 축의금과 같은 큰돈을 초등학생 아이에게 줍니다. 무려 5천만 원에서 1억 원에 이르기도 합니다.

유대인은 오랜 핍박의 세월을 지나면서 교육의 중요성을 알았고 교육에 많은 투자를 했습니다. 또 돈이 있으면 세계 어느 곳에서든 자리 잡을 수 있다는 사실을 깨닫고 일찍부터 자녀에게 돈 교육을 시작했습니다. 유대인들은 어린 나이의 아이들을 성인과 동등하게 인정하고 많은 돈을 아이에게 맡기며 스스로 운용해보도록 지원합니다. 아이에게 돈이 있으면 그 돈을 가지고 저금도 하고 기부도 하고 투자도 합니다.

돈으로 할 수 있는 많은 일들을 실제로 겪어봅니다. 이러한 교육의 결과, 실리콘밸리는 젊은 유대인들의 놀이터가 되었고 실제로 그들이 세계의 변화를 이끌고 있습니다. 페이스북의 창업자 마크 저커버그Mark Zuckerberg, 페이스북의 2인자 셰릴 샌드버그Sheryl Sandberg, 구글의 공동창업자 세르게이 브린Sergey Brin과 래리 페이지Larry Page, 마이크로소프트의 CEO였던 스티븐 발머Steven Ballmer 등 세계를 주도하는 IT기업의 창업가들은 모두 유대인입니다. 유대인 창업자가 성공하면 거액의 투자자로 변모하고, 또다시 창의적인 유대인 창업자가 성공하게 됩니다.

우리나라도 유대인 못지않게 교육 열의가 뛰어난 민족이지요. 그러나 돈 교육에 대한 열의는 상대적으로 조금 부족한 것 같습니다. 유명한 정·재계 인사들을 보면 일반 서민들과는 차원이 다른 금액을 다룹니다. 많은 돈을 들여 투자하니 엄청난 수익이 돌아옵니다. 돈이 돈을 벌고, 돈이 있어야 돈을 배울 수 있다는 말입니다. 워런 버핏Warren Buffett은 1986년 《포천Fortune》지와의 인터뷰에서 이렇게 말했습니다.

"당신의 아이들에게 무엇이든 할 수 있다고 느낄 정도의 충분한 돈을 줘라. 그러나 스스로 아무것도 할 필요가 없을 정도의 많은 돈은 주지 마라."

아이에게도 어느 정도 돈이 있어야 금융을 배울 수 있습니다. 우리에게 집을 살 돈이 있어야 투자에 관심을 가지게 되는 것과 같습니다. 투자금으로 거래를 경험해보며 더 많은 것을 배우게 마련이지요. 아이에게 충분한 돈을 맡겨보세요. 아이는 원하는 물건을 스스로 살 수 있어야 하고, 총 수익의 일부는 장기 목표를 위해 투자도 해야 합니다. 그러면 우리나라의 경우, 아이에게 돈을 얼마나 줄 수 있을까요?

우선 증여에 관해서 살펴볼게요. 현재 세법에 따르면 사회 통념상 허용되는 범위 안에서 주고받는 돈은 증여세 부과

증여대상	비과세한도
미성년자녀	2,000만 원
성년자녀	5,000만 원
배우자	6억 원
친족	1,000만 원

대상이 아닙니다. 부모님이 주신 돈을 모두 생활비로 지출한다면 용돈으로 볼 수 있습니다. 그러나 그 생활비를 모아 저축, 주식, 부동산 등에 활용했다면 과세대상입니다. 용돈을 받은 자녀가 돈을 어떻게 사용하느냐에 따라 과세와 비과세가 결정됩니다.

미성년자에게는 10년 내 2천만 원까지 세금 없이 현금 증여가 가능합니다. 우리나라는 자녀가 어릴 때 증여를 시작하면 성인이 될 때까지 20년 동안 최대 4천만 원을 아이에게 세금 없이 줄 수 있습니다.

미성년 자녀에게 과세없이 증여 가능한 금액 알아보기

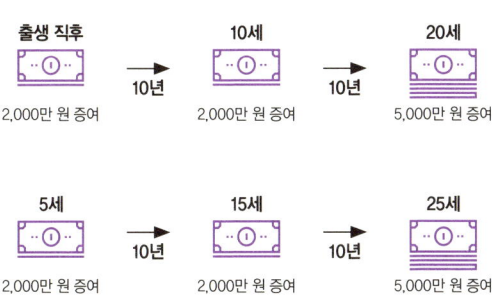

과세 기준 및 과세 방법은 향후 세법 개정 등에 따라 변동될 수 있습니다.
출처: 전국투자자교육협의회 '금융투자 절세 가이드'

꿀 정보
증여하는 법

증여 신고 5단계	
1. 서류를 준비하세요.	자녀의 공동인증서, 가족관계증명서, 이체확인증 또는 거래내역서
2. 홈택스(PC) 또는 손택스(모바일 앱)에 접속하세요.	자녀 명의로 로그인
3. 증여 신고를 진행합니다.	10년 내 2,000만 원까지 비과세
4. 서류를 첨부하세요.	직접 제출도 가능
5. 신고 내역을 확인할 수 있어요.	비과세인 경우 별도의 확정 통지가 없음

증여세 신고 기한은 증여 후 3개월 이내이지만, 증여하는 금액이 2천만 원 이하인 경우에는 기한이 지난 후에 신고해도 불이익이 없습니다. 현금을 증여한 후에 자녀 계좌로 주식 투자하여 발생한 수익은 증여로 보지 않

> 아서 따로 세금을 내지 않아도 됩니다. 10년 동안 펀드평가액이나 주식 가격이 상승해도 증여세는 증여세 신고 시점을 기준으로 시가평가액을 산정합니다.

용돈은 얼마나 줘야 적절할까요? 우선 주변을 둘러보아요. 사회적 상식에 맞으면서 우리 아이 나이대에 적절한 금액이 있습니다. 얼마나 줄지를 정한 후에는 언제 줄지를 정합니다. 용돈을 줄 때 지켜야 할 원칙이 있는데, 바로 일관성입니다. 매주 정해진 요일에 주거나, 매달 날짜를 정해서 줍니다. 정해진 날에 정해진 만큼만 주세요. 용돈 외의 돈을 주는 경우는 아이가 일을 해서 벌어들일 때입니다. 아이가 용돈을 받고 나면, 용돈 받은 일자와 금액을 기록합니다. 용돈 기입장이나 용돈 관리 앱을 이용해요. <u>부모님은 아이가 용돈을 어디에 사용했는지 살펴보아야 합니다.</u> 일단 용돈을 받으면 아이가 원하는 대로 사용합니다. 다만 이달에 받은 돈이 얼마인지, 비율에 맞게 저금하고 있는지, 어디에 돈을 많이 썼는지 정도를 관리해주세요. 용돈을 어디에 쓸 것인지도 이야기를 나눠보세요. 부모님은 아이에게 꼭 필요한 물건, 의복, 음식을 제공합니다. 아이는 액세서리, 간식거리, 최신 유행 아이템 같은 것들을 부담합니다.

<u>용돈은 현금으로 줘야 해요.</u> 신용카드 사용액처럼 수량이 명확하게 보이지 않는 '숫자'는 아이들에게 지나치게 관념적입니다. 현금은 얼마를 썼고 얼마가 남았는지 시각적으로 금방 알 수 있지요. 현금이 없어지고 생겨나는 것을 보며 수입과 지출을 쉽게 이해합니다. 현금이 있으면 수학도 배울 수 있습니다. 더하고 빼기를 돈 계산으로 하고, 이자율을 계산하면서 백분율을 배우지요. 아이에게는 신용카드를 주지 마세요. 어른들도 현금을 꺼내고 잔돈을 받아야 돈을 썼다는 느낌이 납니다. 돈을 처음 배우는 아이에게는 더욱 신중하게 접근해야겠지요.

1년에 한두 번은 아이에게 큰돈이 생기기도 합니다. 명절이나, 학년이 올라가거나, 특별한 이벤트가 있어서 친척어른이 아이에게 꽤 많은 돈을 주셨을 때, 어떻게 해야 할까요? 보통 부모님들은 아이 계좌에 저금해주거나, 자녀 명의의 주식계좌에 투자하시거나, 자녀 교육비로 쓰기도 합니다. 그러나 가장 교육적인 방법은, 이 돈을 아이에게 맡기는 것입니다. 아이가 돈 관리를 배울 수 있는 좋은 기회이기 때문이지요.

아이는 가장 먼저 저금통에 돈을 나누어 담을 거예요. 얼마는 자기 목표를 달성하는 데 보태고, 얼마는 미래를 위해 저축하겠지요. 예상치 못한 큰돈은 아이가 가진 목표를 좀 더 일찍 달성하게 하는 인센티브가 됩니다. 목돈이 생겼다고 해서 덜컥 소비하는 게 아니라, 스스로 체계적인 돈 관리를 실천해보는 것입니다. 역사상 최고의 부자 중 한 명인 록펠러John Davison Rockefeller 집안의 용돈 교육 역시 돈을 나누는 데 핵심이 있습니다. 록펠러 집안의 아이들은 용돈을 받으면, 돈을 3등분이나 4등분하여 예산을 먼저 세웠습니다. 용돈을 사용하면 어디에 얼마나 썼는지 기록하고 매주 피드백을 받았습니다. 예산을 지켜 용돈을 쓰면 상금을 받고, 그렇지 않으면 다음 달 용돈이 삭감되었습니다. 돈을 나누어 예산 짜기, 어떻게 할 수 있을까요? 그 비밀은 저금통에 있습니다.

Q&A
용돈을 주면 안 된다는 주장도 있나요?

《7가지 부의 불변의 법칙》,《Financial Peace Jr.》의 저자 데이브 램지Dave Ramsey는 이런 말을 했습니다.

"아이가 인생에서 중요한 교훈을 얻는 순간은 자기가 직접 번 돈을 쓰고 저금할 때이지, 용돈으로 받은 돈을 쓸 때가 아니다."

그는 아이들에게 용돈을 주어서는 안 된다고 말합니다. 왜일까요? 용돈을 준다는 것은 숨 쉬는 대가로 돈을 주는 거나 마찬가지라고 생각하기 때문입니다. 데이브 램지는 용돈을 주지 말고, 아이들이 하는 모든 일에 수수료를 매기라고 말합니다. 공짜 돈은 없으며, 반드시 일을 해야만 돈을 받도록 하라는 것입니다. 그가 제안하는 일거리를 보면 가방 치우기, 숙제하기, 화장실 청소하기, 침대 정리하기, 옷 치우기, 옷 개키기, 저녁 준비 돕기, 설거지하기, 식기세척기에 그릇 넣기, 먼지 닦기, 강아지 밥 주기, 쓰레기통 비우기 등입니다. 보통 재정전문가들은 아이가 가족 구성원으로서, 학생으로서 당연히 해야 할 책무에는 돈을 주지 말라고 하는데요, 그에 비하여 데이

> 브 램지의 의견은 파격적입니다. 아이가 할 수 있는 모든 일에 수수료를 책정하는 대신, 공짜 돈은 주지 말라고 하니까요.

저금통에 이름을 붙여요

"우리 아이는 항상 뭘 사기 위해 돈을 모아요.
소비를 하려고 돈을 모으는 것도 괜찮은 건가요?"

한 어머님이 이런 질문을 주셨어요. 답은 "아주 좋아요." 입니다. 원하는 무언가를 이루기 위해서는 돈이 필요하고, 돈을 모아야 소원을 이룰 수 있다는 것을 아는 것이 경제교육의 핵심입니다. 만약 스스로 무언가를 사기 위해 돈을 모으기 시작했다면, 똑똑한 아이이지요. 돈을 모으는 목표를 가지는 것이 가장 중요한데, 그걸 스스로 해냈기 때문입니다. 이 아이에게는 돈을 모아야 할 이유가 분명히 있기 때문에 당장 소비하지 않고, 저금하는 힘이 생깁니다. 왜 돈을 모아야 하는지 스스로 알고 있는 아이는 돈을 아껴 쓸 줄 압니다. 이런 아이의 부모님께서 도와주실 일은 아이가 가진 목표를 중기 목표와 장기 목표로 나누어주는 일입니다.

저금의 목표는 크게 3가지로 나눌 수 있습니다. 단기 목표, 중기 목표, 장기 목표가 그것입니다. 아이가 일주일간 돈을 모았다가 먹고 싶었던 음식을 사 먹는 것은 단기 목표입니다. 아이가 쓸데없는 데 돈을 쓰는 것 같아도 그냥 내버려 두어도 좋습니다.

중기 목표는 올해안에 아이가 이루고 싶은 목표입니다. 기간은 3개월이나 1년이 될 수도 있습니다. 아이가 원하는 물건이나 꼭 해보고 싶은 경험을 정하고, 그 목표를 위해 모아야 할 금액과 날짜를 확인하고 계획을 세웁니다.

장기 목표는 먼 미래를 위해 꾸준히 저축하는 목표입니다. 쓰지 않을 돈을 오랫동안 모아야 합니다. 아이에게 10년 후, 20년 후에 어떤 것들을 갖고 싶은지, 어떤 경험을 해보고 싶은지 물어보세요. 멋진 차, 좋은 집에 관해 이야기 나눌 수도 있고, 뚜렷한 목표가 없다는 답변이 돌아올 수도 있습니다. 아이가 먼 미래에 대한 생각이 없더라도 괜찮습니다. 단순히 '미래의 행복한 삶' 자체가 장기 저축의 목표가 될 수 있기 때문이지요. 아이에게 돈이 생기면 10% 또는 20%를 장기 목표를 위해 저축하도록 합니다. 투자 전문가들은 수입의 최소 15%는 투자를 위해 저축해야 한다고 말합니다. 투자를 위해 저축하는 것은 우리 아이의 평생 습관이 되어야 해요. 아이가 은퇴하는 먼 미래에도 이 습관이 유지될 수 있도록 격려를 많이 해주시기 바랍니다. 돈을 모으는 행동 자체에서 뿌듯함을 느끼도록 칭찬을 많이 해주세요.

그리고 이 목표를 이루기 위해, 저금통에 돈을 나누어 담는 거예요. 저금통을 이용한 목표 관리에서 가장 중요한 것은 바로 순서입니다. 아이가 용돈을 받으면 가장 먼저 중기 목표를 위한 소원 저금통에 일정 비율을 담아요. 그 다음으로는 장기 목표를 위한 투자 저금통에 일정 비율을 담습니다. 다음에는 기부 저금통에 일정 비율을 담고, 마지막으로 단기 목표를 위한 소비 저금통에 남는 돈을 담으세요. 그래서 저금통은 모두 4개가 필요합니다. 어른들이 통장을 쪼개어 돈을 관리하는 것과 같지요. 돈을 나누는 즉시 손쉽게 예산을 짜는 효과를 봅니다. 이 저금통은 투명한 병을 활용하면 좋습니다. 시각적으로 돈이 늘어나는 것을 확인하면서 저축을 더 해야겠다는 동기부여를 받을 수 있기 때문입니다.

각 저금통에 돈을 넣는 비율은 아이와 함께 정합니다. 보통 소원 저금통에 수입의 1/4을 저축하기 때문에 소원 저금통에 25%, 투자 저금통에 15%, 기부 저금통에 10%, 소비 저금통에 50%로 정할 수 있습니다. 아이가 적극적으로 돈을 모아서 빨리 소원을 이루고 싶어 한다면, 소원 저금통에 저축하는 비율을 높게 잡으면 됩니다. 소원 50%, 투자 10%, 기부 10%, 소비 30%와 같이 비율을 정합니다. 중요한 것은 가장 마지막에 남는 돈을 소비 저금통에 넣는다는 것입니다. 소비에 주어진 돈을 다 쓰고 나면 다른 병에서는 돈을 가져올 수 없습니다.

저금을 습관으로 만들기 위해 부모님이 실천하실 수 있

소원 저금통, 투자 저금통, 기부 저금통, 소비 저금통

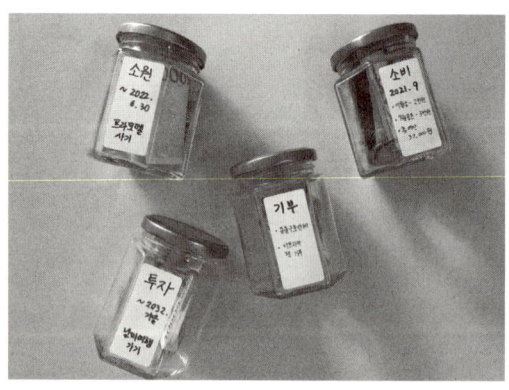

는 좋은 팁은 이자를 주는 것입니다. 이자의 개념은 '시간이 지남에 따라 돈의 가치가 증가한다'로 요약됩니다. 이자는 빚과 저축 모두에게 발생하기 때문에, 가장 좋은 친구이기도 하고 최악의 적이기도 해요. 자녀가 현재까지 저축한 총 금액에 대한 이자를 지급해보세요. 은행 이자율대로 지급하거나 아이와 협의하여 우리만의 이자율을 정할 수도 있어요. 소원 저금통에 저축된 총 금액이 5만 원이고 미리 정해둔 이자율이 5%라면, 아이와 함께 이자를 계산하여 이자 2,500원을 줍니다. 반대로 과다 지출을 하여 돈이 모자라는 일이 생긴다면, 아이가 빚을 내야 하는 경우입니다. 부모님께서 대출을 해주시는 대신에 대출 이자를 책정합니다. 보통 대출 이자는 예금이자보다 높지요? 대출받은 돈과 이자까지 합하여 다음 달 용돈에서 차감합니다.

함께해보아요
물건보다 경험에 소비하세요

세계적인 행동경제학자 토마스 길로비치^{Thomas Gilovich}는 '행복의 적은 적응'이라고 말합니다. 새 차, 새 폰, 새 신발에 적응이 되면 새 것에 대한 행복이 빠르게 사라집니다. 그러나 여행, 미술전시회 참가, 새로운 레스토랑 가보기 같은 경험은 행복한 기억으로 오래 남지요. 물건은 우리 아이와 분리되어 있지만, 경험은 아이 정체성의 일부분이 됩니다. 사람은 자신이 겪은 경험의 총합과도 같기 때문입니다.

또, 경험은 새로운 세상을 소개합니다. 여행을 생각해볼까요? 다른 나라, 다른 지역으로 떠나는 여행은 새로운 문화, 다른 교통수단, 도시에서 느끼지 못했던 자연의 아름다움을 즐기게 합니다. 물건과 달리 경험은 새로운 관점, 삶의 교훈, 감사의 중요성을 가르쳐줍니다.

자녀가 저금하는 목표를 물건보다 경험에 두면 어떨까요? 스노클링을 해보고 싶다거나 브로드웨이 뮤지컬을 직접 보고 싶을 수도 있어요. 레고 로봇 체험관이나 레고 랜드에 가보고 싶을 수도 있고요. 물질에 돈을 쓰기보다 아이의 삶을 풍요롭게 하는 경험에 돈을 쓰도록 유도해보세요. 훨씬 더 오래 기억에 남고 행복감도 오래 지속될 거예요.

중기 목표를 위한 소원 저금통

중기 목표는 정해진 기간 동안 돈을 모아서 아이가 갖고 싶은 장난감이나 전자기기를 사는 겁니다. 아이가 중기 목표를 달성할 때마다 장기 목표에 더 가까워집니다. 돈에 대한 자신감이 높아지기 때문이에요. '티끌 모아 태산'이라는 말의 의미를 이해하게 되면서 적은 돈을 모으는 행동의 효과를 깨닫게 됩니다. 지금 아이가 갖고 있는 돈은 너무 적어서 그냥 아이스크림 하나를 사 먹는 게 최선의 선택인 것 같습니다. 하지만 자기의 목표를 한 번이라도 달성해본 아이는, 당장의 만족이 최선의 선택이 아닐 수 있다는 것을 알게 됩니다. 모든 일은 꾸준히 단계를 밟아 성취된다는 것을 돈을 통해 배우지요. 작은 성공이 큰 성공의 발판이 되듯이, 중기 목표 달성은 장기 목표에 좋은 길잡이가 됩니다. 아이가 돈을 모아 구매할 수 있는 물건을 하나 정하고, 자기 돈을 쓰는 날이 왔을 때 진심으로 축하해주세요. 이런 성취감이 돈 모으는 재미를 줍니다.

10만 원짜리 물건을 사고 싶으면 매달 3만4천 원을 저금해야겠지요. 지금 받는 용돈의 30%를 저금해서는 그만큼 모으기가 어려울 수도 있습니다. 그러면 소비의 비율을 줄이고 저금의 비율을 늘립니다. 그래도 부족하다면 용돈 외 추가 수입을 위한 활동을 시작해야 합니다. 아이가 할 수 있는 집안일 목록을 작성하고 언제 어떤 일을 할지 정합니다. 정해진 일을 잘 수행하면 주급이나 월급으로 돈을 받습니다. 불가피한 사정으로 정해진 일을 못할 때에는 부모님과 합의를 봐야 합니다. 학교에서 1인 1역을 책임감 있게 수행하는 것처럼 집안에서 맡은 일도 책임 의식을 가지도록 합니다.

소원 저금통에 돈이 좀 모이면, 그 돈을 들고 은행도 한번 방문해보세요. 요즘은 휴대전화만 있으면 거의 모든 은행 업무가 가능하긴 합니다. 그렇더라도 아이에게는 누가 자기 돈을 안전하게 보관하고 있는지 보여줄 필요가 있겠지요. 물론 최근 비대면이 일상화되면서 모든 수치가 가파르게 변하고 있긴 합니다. 2016년에는 만 18~34세의 은행 고객 중 84%가 연간 1회 이상 은행 창구에 방문을 했습니다. 불과 5

년 후인 2021년 통계에 따르면, MZ세대의 80% 이상이 송금 앱을 사용하고 있고 Z세대의 47%가 은행 계좌를 갖고 있습니다. 우리가 온라인 뱅킹에 워낙 익숙하다 보니 MZ세대와 같은 젊은 세대는 은행을 방문할 일이 전혀 없을 것 같지만, 여전히 은행 갈 일은 생깁니다. 은행 예금을 경험해보고 이자가 찍혀 나오는 통장을 아이에게 보여주세요. 모든 투자에 앞서 은행 예금이 가장 우선입니다. 기회가 된다면 펀드 상품에 대한 설명도 아이와 함께 들어보세요. 은행에 가면 펀드와 예·적금의 차이점을 아이에게 설명해줄 수 있습니다. 펀드에 돈을 넣으면 그 돈이 투자되어서 이자가 많이 생길 수 있고, 그 대신 내 돈을 운용해주는 대가로 수수료를 내야 한다는 것을 배울 수 있습니다. 상품의 종류가 다양하므로 더 높은 수익률을 올릴 상품이 무엇인지 함께 이야기할 기회가 됩니다.

장기 목표를 위한 투자 저금통

장기 목표는 10년, 20년 후의 미래를 위해 투자 저금통에 모으는 돈입니다. 이 돈은 쓰지 않기 위해 모으는 돈입니다. 자녀의 장기 목표가 집이나 대학, 자동차일 수도 있습니다. 서른 살에 세계여행을 떠나기 위한 돈일 수도 있고, 먼 미래의 노후자금일 수도 있어요. 아이 삶의 최종적인 꿈과 맞닿아 있는 돈입니다. 자녀가 아직 너무 어려서 삶의 최종적인 꿈이 뭔지 모른다고 하더라도, 일반적인 최종 목표는 누구에게나 행복입니다. 인간 삶의 최종 목표인 행복한 삶을 위해 최소한 10~15%는 쓰지 않고 모으도록 합니다. 장기 목표를 향한 저금 습관은 자녀가 성인이 되어서도 지켜나갈 건강한 경제습관입니다.

한 달에 받는 돈이 4만 원이고 수입의 10%를 투자 저금통에 넣는다면, 매주 아이가 장기 목표를 위해 저금하는 돈은 천 원입니다. 투자 저금통에 넣는 돈은 쓰지 않기 위해 모으는 돈입니다. 이 돈은 아이가 실제 투자를 경험하기 위한 종잣돈이 됩니다. 그런데 일주일에 돈 천 원은 작고 미약하지요. 어느 세월에 종잣돈을 만들겠나 싶습니다. 그래도 천 원을 매주 1년간 모으면 주식 1~2주는 살 수 있어요. 투자 저금통에 몇만 원이 모이면 아이와 함께 은행과 증권사에 가보세요. 비교적 안전하고 투자가 잘 되도록 구성된 어린이펀드를 찾아보세요. 자녀의 주식계좌를 개설하여 아이가 직접 모은 돈을 넣어주세요. 아이 돈으로 투자한 회사에 관한 뉴스를 아이와 함께 찾아보세요. 부모님의 역할은 주식을 사고파는 것이 아닙니다. 아이가 직접 투자를 경험하도록 이끌어주는 일입니다.

돈에 관한 모든 것은 실전입니다. 아이가 큰돈을 잃어가며 배우기를 원하는 부모님은 없습니다. 그래서 부모님의 보호 아래 있을 때 작은 실패를 경험해볼 필요가 있습니다. 투자하기 위한 돈을 직접 모으게 하고, 투자도 경험해보게 합니다. 투자할 회사를 선택하고 길게 유지하는 것까지 모두 자녀의 몫입니다. 언젠가는 우리 자녀들이 직장에서 생활비를 버는 그 이상의 일을 하고 싶을 때가 올 거예요. 우리가 시험을 앞두고 학원을 보내 아이를 대비시키는 것처럼, 자녀의 풍요로운 삶을 대비해줄 수 있다면 얼마나 좋을까요? 똑똑한 어른으로 키우기 위해 공부시키는 것도 중요하지만, 어떻게 하면 돈을 불릴 수 있는지도 가르쳐줄 수 있다면 금상첨화일 겁니다. 아이는 태어나서부터 지금까지 계속해서 독립하고 있지요. 경제적으로도 언젠가는 독립을 해야만 합니다. 어느 때가 오면 반드시 부모의 재정적 도움이 없이도 살 수 있어야 합니다. 우리가 할 일은 아이가 경제적 자립을 할 수 있도록 돕는 일입니다. 대신해주는 게 아닙니다.

흩어져 있는 돈은 자잘한 소비에 금세 사라집니다. 하지만 적은 돈이라도 모이면 모일수록 힘이 강해지죠. 일주일에

천 원을 모아서 1년 뒤 주식 1주 겨우 사는 발걸음은 너무 느립니다. 아이가 이번 주에 저금한 천 원은 보잘것없어 보이지요. 하지만, 아무것도 하지 않은 채 4학년에서 5학년이 될 수도 있습니다. 바로 우리가 어렸을 때, 투자에 대하여 아무것도 해보지 않고 학생에서 어른이 된 것처럼요. 우리 자녀는 달라야겠지요? 한 번이라도 경험이 있는 아이는 확실히 다릅니다. 경험의 차이가 처음에는 미미하지만, 해가 거듭될수록 그 차이는 벌어집니다. 우리 아이는 언제까지나 일주일에 천 원만 모을 아이가 아닙니다. 1년 뒤에는 만 원을, 2년 뒤에는 5만 원을 모아 투자할 거예요. 아이 계좌에 돈을 조금씩 붙여줄수록 그 돈은 더 큰 자석이 되고, 더 많은 돈을 끌어당깁니다. 투자금액이 늘어날수록 더 높은 수익을 만들어냅니다. 아이 계좌에 있는 모든 돈은 아이가 절약해서 모으거나, 집안에 보탬이 되는 일을 해서 벌거나, 사회에 이바지를 하고 벌어들인 돈입니다. 아이의 꾸준함과 성실함이 깃들어 있는 돈이니 질이 좋을 수밖에 없지요. 쉽게 사라지지 않고, 아이 곁에 오랫동안 붙어 있을 돈입니다.

이 아이가 자라 성인이 되면 한 달에 얼마만큼의 돈을 투자할 수 있을까요? 미래를 바라보는 것이 바로 교육입니다. 모인 돈에 힘이 있다는 것을 보는 경험은, 자녀의 평생 금융

습관의 씨앗이 됩니다. 모인 돈이 더 많은 돈을 끌어당긴다는 사실을 아는 아이는 함부로 소비하지 않습니다. 저축, 소비, 투자에 관한 경제습관은 무엇과도 바꿀 수 없는 삶의 지혜입니다. 아이가 훌륭하게 독립하여 스스로 성장해나가는 미래를 상상해볼까요? 멋진 미래는 투자 저금통에 저금하는 천 원에서 시작됩니다.

꿀 정보
자녀 청약 계좌를 만드는 가장 유리한 방법

청약통장은 가입 기간이 길수록 유리합니다. 공공분양과 민간분양 모두 가입한 기간만큼 당첨확률이 올라가기 때문입니다. 그렇다고 해서 마냥 어릴 때 가입하는 게 유리한 것도 아닙니다. 청약통장은 만 19세가 되기 전 미성년일 때의 가입 기간도 인정되지만 상한이 있습니다. 최대 2년, 납입금액 240만 원까지입니다. 만 한 살에 가입하든 만 17세에 가입하든 인정되는 기간은 최대 2년인

> 것이죠. 그렇다면 만 17세가 되는 생일 직전에 가입하는 게 가장 경제적입니다. 공공분양은 매달 최대로 인정되는 납입금액이 10만 원입니다. 그래서 매달 10만 원씩 2년간 240만 원을 내는 게 좋습니다.

현금 없는 세상을 사는 법

"아이가 절제 없이 돈을 써요. 나중에 할인할 때 사자고 해도 안 통해요. 어떡하죠?"

부모님들의 실제 고민입니다. 아이가 어릴 때는 떼를 쓰면서 당장 장난감을 사내라고 드러눕지요. 이럴 때는 "엄마 돈 없어."라고 말하기보다는 "한 달 우리 집 예산이 이런저런 항목이 있는데, 이번 달에는 추가로 장난감을 살 예산이 없어."라고 이야기합니다. 부모님조차도 항상 원하는 만큼 돈을 쓸 순 없다는 사실을 계속 말해주며 달래고 설득하는 수밖에는 없습니다. 원하는 물건을 늘 사주다 보면 자라면서 씀씀이가 커지기만 할 테니까요. 어떻게 하면 절제된 소비습관을 갖도록 할 수 있을까요? 아이가 쓸 수 있는 돈이 한정되어 있음을 보여주는 것이 가장 효과적입니다.

저금통을 4개로 나누면 소원, 투자, 기부를 위한 저축을 한 뒤 가장 마지막 순서에 소비가 있다고 했습니다. 돈을 나누는 순간 저절로 예산이 세워집니다. 소비를 위한 돈이 제한되지요. 이번 달 용돈이 2만 원, 집안일 수당으로 매주 1만 원을 번다면 한 달 총 수익은 6만 원입니다. 총 수익의 30%를 소비한다면, 이번 달에는 18,000원을 쓸 수 있을 것으로 예상됩니다. 이 돈을 어디에 쓰고 싶은지 물어보고 리스트를 작성합니다. 아이가 사고 싶은 것들의 목록을 적고 번호를 매겨보세요. 소비의 우선순위가 확실해지면, 소비하는 순간에 합리적인 결정을 내리기가 쉬워집니다.

크고 멋진 장난감을 살 돈은 소원 저금통에 이미 저금되고 있지요. 비싼 물건을 사지 않더라도 일상 소비를 위한 돈이 더 필요한 경우에는, 용돈을 늘리기 위해 부모님과 협상을 해야 합니다. 아니면 집안일을 더 많이 해서 수당을 늘리거나, 집안일 하나당 수당을 더 높여달라고 해야 합니다. 용돈 외에 노동으로 추가 수입을 만들었더라도 일상 소비를 위한 돈이 부족하다면 어떻게 할까요? 다른 저금통에 손을 뻗

쳐서는 안 되고, 부모님께 대출을 받아야 합니다. 부모님이 은행이 되어서 아이에게 대출해주고, 이자를 책정한다고 했지요? 저금에 대한 이자를 5% 준다면 대출에 대한 이자는 8%~10%로 조금 높게 설정합니다. 이번 달 소비금액이 커서 대출을 받았다면 당장은 만족스러운 소비수준을 유지할 수 있을지 모르지만 결국 더 큰 비용을 내야 한다는 걸 알게 됩니다. 그래서 돈이 더 필요한 경우, 창고 정리나 봄맞이 대청소 같은 일을 해서 총 수익을 늘리는 방법을 고민하도록 이끌어보세요.

아이의 돈은 어디에 쓰여야 가장 좋을까요? 돈의 사용처는 전적으로 자율에 맡깁니다. 아이에게 돈을 주는 순간, 돈에 대한 결정 권한까지 맡기는 것이기 때문입니다. 자녀가 무엇에 돈을 쓰든지 스스로 결정을 내립니다. 기본적으로 아이 돈이므로 사용에 개입하지 않는 것이 좋습니다. 비싼 가격에 그만한 값어치를 못하는 물건을 사려고 하더라도 일단은 지켜보세요. 돈이 떨어져서 뭔가를 사지 못하는 상황이 오히려 돈 관리를 익힐 기회가 됩니다. 덜 합리적인 결정도 내려보고 돈이 모자라는 경험도 하고, 원하는 걸 살 수 없는 상황에도 처하도록 지켜봅니다.

여기에 몇 가지 소비규칙은 있습니다. 사고 싶은 걸 살 자유를 주되, 부모님께서 최종 허락을 합니다. 아이가 사지 않았으면 하는 품목을 미리 정해두세요. 발색력이 없는 립글로스는 되지만 틴트류의 화장품은 사면 안 된다, 장난감 총은 사면 안 된다, 게임 아이템의 구매 상한선은 얼마까지이다, 게임 현질(온라인 게임의 아이템을 현금을 주고 사는 것)에는 돈을 쓰면 안 된다는 범위를 정해주는 겁니다. 돈을 쓴 후에는 어디에 썼는지 간단히 적어둡니다. 부모님은 자녀의 용돈 사용 내역을 계속 추적하면서 소비습관을 점검해주세요.

함께해보아요
맛있는 예산 짜기

영어로 파이 차트^{Pie chart}는 원그래프라는 뜻입니다. 원그래프는 전체에 대한 각 부분의 비율을 부채꼴 모양으로 나타낸 그래프이지요. 실제 파이로 파이 차트를 만들어보세요.

파이 차트

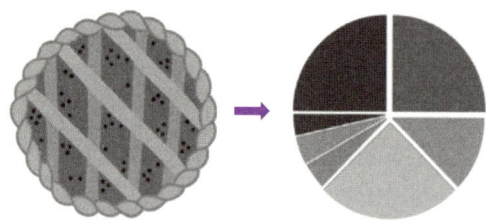

　전체 예산을 동그란 파이 하나로 잡고, 각 예산을 범주별로 나누어 조각조각 자릅니다. 한 조각이 예산 범주 하나에 해당합니다. 지난달, 우리 집 예산 중에 가장 큰 비중을 차지하는 영역은 무엇이었나요? 자녀의 소비 명세 중에서 가장 큰 비중을 차지하는 영역은 무엇인가요? 파이를 잘게 쪼개면서 지난달 소비를 점검해보세요. 어느 영역의 예산이 가장 비중이 크고, 어느 영역의 예산을 좀 더 늘릴 필요가 있는지 알아봅니다. 파이로 예산 짜기는 시각적으로 예산을 점검하기에 좋아요. 그뿐인가요? 재밌고 맛있기까지 하죠!

하루만 기다리기

미국 금융기술회사 스마트 에셋Smartasset.com의 데이터에 따르면, X세대는 모든 세대를 통틀어 가장 돈을 많이 벌고, 저축도 가장 많이 합니다. 하지만 저금 비율을 보면 기대 수준에 못 미치는데, 일반적으로 권장되는 저금 비율이 20%인 데 비해 X세대는 16%만 저금하고 있기 때문입니다. 그나마도 전 세대 가운데 가장 높은 수준이지요. 현재의 X세대는 소득수준이 가장 높기 때문에 소비도 가장 많이 합니다. 밀레니얼 세대보다 41% 더 많이 쓰고, 베이비 붐 세대보다 18% 더 많이 지출합니다. 2020년에 우리나라 사람들이 수입 명품브랜드 소비를 2.4조나 했다고 합니다. 코로나19로 유럽과 미국의 매출은 줄어든 반면, 한국에서는 유럽보다 20%나 비싼데도 줄을 서서 구매했습니다. 그 결과 2021년 한국 명품시장 규모는 16조 원에 달하며 세계 7위로 올라섰습니다. 우리가 유념해야 할 점은 자녀에게 소비습관을 가르치기 전에, 우선 부모님의 소비습관부터 점검해야 한다는 것입니다.

요즘은 세상의 모든 물건이 하룻밤 사이에 배송이 되지요. 이에 비해 저축 예금이나 투자 수익이 불어나는 속도는 너무 느려서 실망스러울 정도입니다. 하지만 즉각적인 만족감은 경계해야 합니다. 속도를 늦추고, 먼 미래에 원하는 것을 기대해야 합니다. 기다림의 결과 더 좋은 열매가 온다는 것을 알려주세요. 한 가지 팁은, 아이가 원하는 물건을 사기 전에 적어도 하루 정도는 기다리게 하는 거예요. 숙고해본 결과 정말로 원하는 물건이거나 꼭 필요하다고 판단되면, 가장 싸게 살 방법을 찾아보세요. 블랙 프라이데이나 세일 페스타, 신학기 세일 기간을 활용할 수 있어요. 지금 사지 않고 조금 기다리면 좀 더 싼 가격에 살 수 있을 뿐 아니라, 남는 돈으로 아이가 좋아하는 간식도 살 수 있습니다. 인내가 미덕이라는 사실을 누구나 알지만, 돈에 대해 인내심을 발휘하는 사람은 그리 많지 않습니다. 기다림의 대가는 훨씬 크고 좋다는 것을 계속 알려주세요.

신상품? vs. 다양함?

"아이가 신상품을 좋아해요. 용돈 탈탈 털어 산 좋아하는 캐릭터 상품이 방에 일렬로 줄을 설 정도예요."

초등학생 자녀에게 드는 의류나 식비는 거의 모두 부모님이 충당합니다. 비싼 청바지나 신상품 운동화도 부모님 카드로 결제되지요. 그러나 사실 부모님 입장에서는 비싼 옷, 신상품을 살 필요가 있을까 하는 마음이 듭니다. 온라인으로 싸게 사거나 유행이 지난 옷을 사면 훨씬 만족스러운 쇼핑을 할 수 있다는 걸 아이에게 설득시키기가 무척 어렵습니다. 유행에 민감한 아이라면 트렌디한 패션을 장착하고 싶고, 뽐내고 싶을 거예요. 이렇게 아이가 너무 비싼 물건을 사고 싶어 할 때는 상품권을 이용해보세요. 자녀에게 필요한 물건을 사주지 말고, 그 물건을 파는 가게의 기프트 카드를 선물하는 거예요. 5만 원짜리 상품권을 주고 아이에게 선택하라고 해보세요. 주어진 돈을 모두 써서 바지 하나를 살지, 조금 싼 걸 고르고 다른 액세서리를 추가로 살지 아이가 선택하게 합니다. 선택권을 주면, 아이는 제일 비싸고 유행을 따르는 옷을 사는 게 이익인지, 아니면 같은 돈으로 다양한 상품을 사는 게 이익인지를 스스로 판단합니다.

인앱 구매 경보! 엄카를 맡기지 마세요

2017년 미국에서는 아마존을 대상으로 학부모들이 대규모 환불을 요구한 사건이 있었습니다. 아이들이 인앱In-app 구매(일부 앱에서 추가 콘텐츠나 서비스를 유료 결제하는 것)를 통해 7천만 달러나 되는 돈을 결제했기 때문입니다. 7천만 달러는 원화로 무려 800억 원에 달하는 엄청난 금액입니다. 아이들은 게임을 하면서 동전, 별, 도토리 같은 것들을 샀고, 거리낌 없이 부모님의 신용카드를 사용했지요. 인앱 결제에 비밀번호가 필요하지도 않았습니다. 미국 연방법원에서는 아마존이 인앱 요금에 관해 경고하지 않았다는 점과, 아이들이 구매하지 못하도록 적절한 조치를 취하지 않았다는 점을 들어 유죄를 인정했습니다.

우리는 어릴 적 돈을 어떻게 배우기 시작했나요? 심부름을 하고 거스름돈을 챙기며 돈을 배웠던 기억이 나시나요? 요즘 아이들은 돈을 어떤 형태로 접할까요? 아이들이 아빠 엄지손가락을 끌어다 대면, 3초 안에 휴대폰 결제가 됩니다. 금액이 빠져나간다는 의미를 정확히 이해하지 못하는 상태로 돈을 쓰고 있습니다. 엄마 카드를 들고 다니는 아이들도 많습니다. 아이들 손에 화수분이 들려있는 셈이지요. 쓰고 또 써도 돈이 마르지 않는 것 같을 겁니다.

더구나 신용카드나 온라인 페이로 돈을 쓰면, 현금을 사용할 때보다 소비를 더 많이 하게 됩니다. 현금을 사용하면 돈이 나에게서 떨어져 나간다는 물리적인 손실이 눈에 보이므로, 실제로 고통을 느낀다고 합니다. 나의 소유물이 빠져

나가는 걸 즉시 확인할 수 있어서 소비의 아픔이 느껴지는 것이죠. 카드를 쓰면 이런 아픔이 뒤로 미뤄집니다. 당장 느껴지는 고통이 없으니 과소비를 하게 됩니다. 뿐만 아니라, 신용카드 회사는 돈을 빌려줄 때 복리를 적용합니다. 신용카드의 연체이자율은 25%나 되는데, 연체할 때에는 이자가 다시 원금이 되어 높은 연체이자율을 또 적용합니다. 복리의 마법이 신용카드에 적용되면 아주 무서워지죠. 2020년에 NAPPA National Parenting Product Awards를 수상한 재정관리 앱 BusyKid는 '현금이 없으면 돈이 없는 거나 마찬가지'라고 생각해야 한다고 말합니다. 자녀와 함께 있을 때는 돈을 물리적으로 확인할 수 있도록 현금을 사용해보세요. <u>현금 없는 세상에서도 기본이 되는 것은 현금입니다.</u>

하지만 만약 아이가 저축과 소비에 관한 기본적인 이해를 완료했다면, 현금 없는 생활을 점차 도입해보세요. 앞으로의 세상에서는 점점 더 현금이 없어질 테니까요. 현금 없이 소비하는 가장 흔한 방법은 카드이지요. 자녀에게 줄 수 있는 카드는 가족 신용카드나 체크카드입니다. 신용카드의 경우 청구금액을 매달 완납할 수 있어야 하므로, 직업·소득·재산이 있으면서 신용등급이 일정 수준 이상 되어야 발급됩니다. 소득이 없는 자녀의 경우 만 19세 이상 성인이 되어야 가족 신용카드를 발급받을 수 있습니다. 가족 신용카드는 주 카드와 가족카드 2가지로 발급되는데, 월말 카드명세서에 어느 카드로 사용하였는지 확인할 수 있으므로 자녀의 카드사용을 제어할 수 있습니다. 가족 신용카드의 명세서를 보면서 자녀가 예산을 초과해서 썼는지 확인할 수 있고, 초과된 금액이 있다면 다음 달 용돈에서 이자를 빼고 줍니다.

가족 신용카드는 19세 이상 성인인 자녀에 관한 것이고, 우리나라에서는 십 대 초반의 아이에게는 신용카드 발급이 안 됩니다. 그래서 아이 이름으로 카드를 주려면 체크카드를 발급받아야 하며, 만 12세부터 발급이 됩니다. 부모님 동의가 있어야 가능하므로 필요한 서류를 가지고 은행에 방문하면 됩니다. 체크카드는 통장에 들어 있는 금액만큼만 사용할 수 있어서 아이에게 카드 활용법을 가르칠 때 유용합니다. 아이에게 용돈이나 수당을 줄 때, 현금을 주지 않고 카드에 돈을 넣어주는 것이죠. 단, 카드를 사용한 후에는 잔액을 기록하게 해야 합니다. 얼마를 쓰고 얼마가 남았는지 알아야 하니까요. 체크카드 사용 내역을 보고, 자녀의 지출 습관에 대해 조언해주세요. 정말로 필요한 것에 돈을 썼는지, 친구가 원하는 것에 대신 돈을 쓰진 않았는지 확인합니다.

Q&A
미성년자에게도 신용카드가 발급된다고요?

2021년 6월부터 미성년자 가족 신용카드 서비스가 혁신금융서비스로 지정되었어요. 부모의 신청에 따라 만 12세 이상의 중·고등학생 자녀에게 비대면으로 신용카드를 발급해주는 서비스입니다. 단, 2년간 한시적으로 운영되며, 부모가 카드 이용 업종과 한도를 설정해야 합니다. 업종은 교통, 문구, 서점, 편의점, 학원으로 한정되어 있고, 한도는 원칙적으로 월 10만 원 이내입니다.

미리 가르치는 폰 결제

아이가 십 대 초반이 되면 이성이 발달하고 장기적인 시각도 갖게 됩니다. 느낌에 따라 소비하지 않고 점차 합리적인 의사결정을 내릴 수 있습니다. 아이가 훨씬 합리적인 소비생활을 할 것 같지만, 이 시기에 복병이 있지요. 바로 친구 관계입니다. 아이는 부모와는 거리 두기를 실천하면서 친구와 더 많은 시간을 함께 보냅니다. 돈을 쓸 때에도 친구의 영향력이 매우 강해지지요. 친구랑 게임을 하다 보면 인앱 구매도 쉽게 접합니다. 앱 사용 중에 기본 아이템 외에 더 강력한 기능을 사용하기 위해 추가 콘텐츠를 유료 결제하는 것입니다. 친구가 손쉽게 게임 아이템을 구매하는 것을 보면 우리 아이도 결제하고 싶어지겠죠?

아이를 앉혀두고, 폰 결제를 알려주기 위한 시간을 잠깐 내어보세요. 친구 옆에서 몰래 결제하는 법을 배우기 전에 먼저 가르쳐야 합니다. 각종 '페이'를 통한 간편 결제, 앱 사용 중에 결제하는 인앱 구매를 보여주면서 현금 없이 결제하는 다양한 방법이 있다는 것을 알려줍니다. 결제 과정에 나오는 전자금융거래 이용약관, 개인정보 수집 및 이용에 관한 약관을 함께 훑어보세요. 그리고 부모님 감독 하에 아이가 직접 결제를 경험해봅니다. 전자결제를 할 때에는 반드시 부모님 허락을 받아야 한다는 규칙을 정해보세요. 게임에서는 결제하면 안 된다는 규칙을 정할 수도 있어요. 지난달 휴대전화 청구서를 아이에게 보여주고, 소액결제 내역을 보여주세요. 결제 후에는 고지서가 날아와서 모두 확인이 가능하니 거짓말을 해서는 안 된다는 점도 미리 이야기합니다.

아이 자존감의 비밀, 기부

기부도 경제교육일까요? 우리는 저축, 투자, 소비에 관해서는 돈 관리 기술을 배워야 한다고 생각합니다. 하지만 대체로 기부는 가르치려고 하지 않지요. 기부는 다른 사람에게 뭔가를 주는 행동에 그치지 않습니다. 기부는 이를 실천하는 아이에게 훨씬 더 많은 것을 가르쳐주지요. 자녀의 마음속에 풍요를 심는 비밀은 기부에 있습니다. 초등학생이 기부를 경험해야 하는 다섯 가지 이유, 살펴볼까요?

미래 인재의 핵심 역량인 '공감 능력'을 형성하기 때문이에요

공감 능력은 타고나기도 하지만 자라면서 형성이 잘 됩니다. 더 많은 사람들이 자기보다 어려운 삶을 사는 이웃에게 공감하고, 그것을 행동으로 보여준다면 세상은 훨씬 더 살기 좋은 곳이 되겠지요. 변화된 세상은 우리 아이가 살아갈 미래입니다. 기부하는 아이는 스스로 미래의 세상을 개척하고 만들어나가는 사람입니다. 공감 능력은 자녀의 미래 직업을 위해 길러두어야 할 능력이기도 합니다. 의사, 간호사, 사회사업가, 교육자 등 많은 사람들이 선망하는 직업에는 강한 공감 능력이 필요하기 때문이지요. 똑똑한 사람보다는 남의 관점을 헤아릴 줄 아는 사람이 좋은 리더입니다. 공감 능력이 뛰어난 리더는 여러 관점을 고려하여 제대로 된 결정을 내리고, 팀을 성공으로 이끌지요. 기부를 경험하며 형성되는 공감 능력은 우리 아이의 미래에 꼭 필요한 능력입니다.

성공의 제1요소는 바로 '가진 것에 감사하는 태도'입니다

여러 자선 단체를 살펴보면, 세상에는 정말 다양한 사람들과 삶의 경험이 존재한다는 걸 알게 됩니다. 나에게 당연하게 주어진 것들이 다른 사람에게는 당연하지 않다는 사실을 깨닫게 되지요. 어려운 상황에 있는 사람에게 기부를 해보면 감사하는 마음이 생깁니다. 내가 가진 것에 감사하게 되고, 내 기부에 감사를 느끼는 사람에게도 감사하게 됩니다. 가진 것에 감사하는 태도는 성공의 제1요소이지요. 가진 것에 기쁨을 느끼고 감사해야 더 많은 행운이 찾아옵니다. 아이가 가진 것에 만족을 느끼면 새로운 소비를 할 필요가 없습니다. 그래서 감사하는 태도를 가진 아이들은 어른이 되어서도 과소비를 하지 않습니다.

미래를 대비하는 특별한 커리어가 될 수 있어요

아이가 자선 단체를 스스로 선택하도록 해보세요. 책을 좋아한다면, 도서 기증을 하거나 Books for Africa 같은 단체에 돈을 기부할 수도 있습니다. 야외 활동을 좋아한다면, 국립공원 자원봉사를 신청해서 해안가 환경 정화 · 문화재 주변 정화 · 계곡 환경 정화 활동에 참여할 수 있습니다. 유기동물, 이웃, 정의, 인권, 어린이, 환경, 기후변화, 북극곰 보호 등 아이가 열정을 가진 분야와 관련된 곳으로 안내해주세요. 스스로 번 돈을 자기가 관심 있는 분야에 기부하면서 자부심이 자랍니다. 아이의 자원봉사가 미래의 직업으로 이어질 가능성도 있습니다. 장기적으로 프로젝트에 참여한 경력이 대학입시나 직업 선택을 위한 특별한 커리어가 될 수 있습니다. 유기동물 자선 단체에 기부하는 아이는 수의사로 자랄 수 있고, 북극곰 동물 보호 단체에 기부하는 아이는 생물학자로 자랄 수 있습니다. 자녀가 선택한 자선 활동이 미래 삶에 미칠 좋은 영향력을 기대해보세요.

기부는 '사람들의 니즈needs 파악'을 위해 효과적입니다

스티브 잡스는 이렇게 말했습니다.

"A lot of times, people don't know what they want until you show it to them(대부분의 경우, 사람들은 당신이 그들이 원하는 것을 보여줄 때까지 자신이 원하는 것이 무엇인지 모릅니다)."

성공하는 기업가는 이런 빈틈을 찾아내는 사람입니다. 사람들이 원하는 것을 빠르게 찾아내어 미처 알지도 못했던 불편함을 해결해주고, 빠르게 부자가 됩니다. 기업가 마인드 교육에서도 사업 아이템을 정할 때 가장 먼저 하는 일이 바로 사람들의 니즈^{needs}를 파악하는 일입니다. 남들의 문제점을 해결하는 것이야말로 부자가 되는 지름길입니다. 그러기 위해서는 삶을 관찰하고 그 속에 어떤 부족함이 있는지 확인해야 합니다. 남의 불편을 헤아리는 시각은 결코 단기간에 얻을 수 있는 게 아닙니다. 오랫동안 주의를 기울이는 습관에서 비롯되는 감각입니다. 당연히 어릴 적에 겪어본 다양한 경험이 도움이 됩니다. 기부와 자원봉사는 다른 사람의 삶 속에 들어가 남의 시각으로 불편함을 헤아려보는 가장 효과적인 방법입니다.

건강한 자아상을 가질 수 있어요

기부를 경험해본 아이는 건강하고 긍정적인 자아상을 갖게 됩니다. 2007년 한국사회복지학 연구에 따르면 나눔 교육을 받기 전과 후, 아이들의 생각 변화는 하늘과 땅 차이였습니다. 어린이들은 자신의 것을 나누는 일, 어려운 이웃에게 다가가는 일이 처음에는 낯설고 받아들이기 힘들었습니다. 아픈 할머니를 만나는 일이 떨리고 두렵고, 재미없는 일일 것이라고 생각했지요. 내 것을 다른 사람에게 줘야 한다는 것이 싫고 아깝다는 생각이 드는 등 부정적인 감정이 지배적이었습니다. 그러나 나눔 교육을 받은 후에는 완전히 달라졌습니다. 기부 행동을 실천해본 아이들은 '마음의 풍요로움을 얻었다', '타인에게 도움이 되었다는 사실이 자랑스럽다', '마음이 커진 것 같다', '자신감이 생겼다', '재밌고 즐거웠다', '받은 사람이 좋아하는 것을 보고 행복해졌다'라고 평가했습니다.

학부모님들도 아이들에게서 놀라운 변화를 발견했습니다. 기부를 실천한 아이들은 생활이 안정되고 공격적인 태도가 줄었습니다. 자기밖에 몰랐던 과거를 반성하고, 타인에 대한 이해가 깊어졌습니다. 기부를 통해 아이들은 자신감이 생기고 당당해졌습니다. 자신을 중요한 존재로 파악하고, 남을 도울 힘이 있는 존재라고 생각하게 되면서 자존감이 높아진 것입니다. 남을 도우면서 오히려 건강한 자아를 찾았습니다.

기부를 하는 네 가지 방법

첫 번째, 종교단체에 기부할 수 있습니다. 교회나 절에 헌금을 낼 때 아이도 함께 하도록 해보세요. 아이에게 2천 원을 주면서 넣고 오라고 하는 것은 별 도움이 안 됩니다. 아이가 단순히 배달부 역할을 한 것이니까요. 아이가 직접 번 돈을 기부하도록 해야 합니다. 가족이 가진 종교에 대한 소속감을 높일 수 있고, 종교단체에 기여했다는 점에서 자부심과 만족감을 느낄 수 있습니다.

두 번째, 비영리단체나 자선단체에 기부할 수 있습니다. 동물을 사랑하는 아이라면 동물구호단체, 환경을 걱정하는 아이라면 환경단체, 다른 나라 또래들의 아픔에 공감하는 아이라면 후원단체에 기부합니다. 공동체와 세계에 사랑을 보내는 법을 자녀에게 가르칠 기회이지요. 수많은 비영리단체와 자선단체가 정확히 무슨 일을 하는지, 어째서 세계 곳곳에 사는 사람들은 이런 단체들의 도움이 절실히 필요한지 설명해주세요. 우리 아이가 얼마나 축복받았는지 깨닫게 될 거예요. 홍수와 지진 같은 지구촌 사건이 생겼을 때, 뉴스나 기사를 아이와 함께 보세요. 사회적 이슈에 관심을 가지면서 함께 대화할 계기가 되고, 지구와 세계인을 위한 행동을 기부로 실천하는 계기가 됩니다. 어른에 비해 약하고 힘없는 아이이지만, 나눔을 실천했을 때에는 여러 사람의 삶을 바꿀 수 있습니다. 환경, 자연보호, 동물, 난민, 전쟁 중인 나라, 노인 요양, 장애인, 보육원, 저소득가정, 탈북청소년 등 주변을 둘러보고 자녀가 관심 두는 곳을 찾아보세요.

세 번째, 시간을 기부할 수 있습니다. 시간을 기부하는 방법은 주말을 좀 더 알차게 보내고, 내 시간을 좀 더 가치 있게 사용하는 방법입니다. 직접 자원봉사를 다녀올 수 있다면 지역 동물보호소에 전화해서 자원봉사를 신청할 수 있는지 알아보고, 아이와 함께 현장에 가보세요. 멀리 다녀오기 힘들다면 동네 공원에 가서 플로깅을 시작해보세요. 플로깅은 이삭을 줍는다는 뜻의 스웨덴어 Plocka upp(Pick up)과 달리는 운동을 뜻하는 영어 Jogging(조깅)을 합친 말입니다. 자녀와 산책 겸 환경정화를 해보세요. 아이의 인격이 서서히 발전될 거예요. 자신을 위해서만 시간을 사용하는 것을 넘어, 가치 있게 시간 쓰는 법을 알려주세요. 삶을 보는 관점이 성숙해지며, 삶에 만족감이 자라나요.

네 번째, 안 쓰는 물건을 기부할 수 있습니다. 가족들이 바빠서 시간을 낼 수 없다면 오래된 장난감이나 옷을 기부하는 방법도 있지요. 환절기에 자녀가 자기 옷장과 서랍에서 더는 입지 않는 옷, 쓰지 않는 장난감을 정리한 후, 지역사회나 필요한 가정에 물건을 기부합니다. 정기적인 기부가 아니더라도 일회성으로, 물건으로도 효과적인 기부 체험을 할 수 있어요. 우편으로 보낼 수도 있지만 가능하면 기관을 직접 방문하여 기부해보세요. 아이가 느끼는 뿌듯함이 배로 늘어날 거예요.

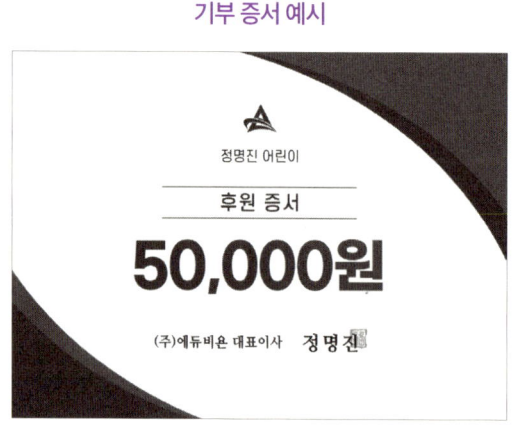

기부 증서 예시

기부 후에는 기부 증서를 만들어 아이에게 수여해보세요. 증서를 보관하면 기부할 당시의 뿌듯한 기분도 더 오래 가고, 다음 기부로 이어질 원동력이 될 수도 있어요.

PART 2.
돈 공부 2

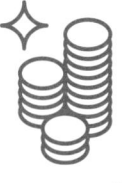

돈을 굴리는 법

1

미니 경제를 운영해요

미니 은행, 미니 정부

돈이 있으면 우리는 행복해집니다. 왜일까요? 우리가 원하는 상품·서비스의 대가를 돈으로 지불하기 때문에 그렇습니다. 돈은 우리 생활에서 떼려야 뗄 수 없습니다. 기초적인 생활 수준을 유지하는 데에도 돈은 반드시 필요합니다. 돈을 미리 배워두면, 어른이 되어서야 돈을 잃어가며 배우지 않아도 됩니다. 이왕이면 즐겁게 돈을 배우고, 돈에 대해 자신감 있는 어른으로 성장하면 좋겠지요. 우리 집 미니 경제를 꾸며보세요. 그 속에서 게임도 하고, 돈의 세계도 가르쳐보세요. 지금부터 가정에서 미니 경제를 운영하는 방법을 소개합니다.

다 같이 경매 게임을 해볼까요?

아이와 친구들, 혹은 온 가족이 모여서 같이 게임을 해보세요. 자리에 모인 모든 사람들에게 콩으로 가상화폐로 지급합니다. 한 사람당 2~6개의 콩을 지급합니다. 이때 콩 1개는 천 원의 가치가 있고, 사람마다 가진 콩의 개수는 다릅니다. 자, 이제 총 3개의 쿠폰을 경매할 거예요. 경매 품목은 가정경제에서 생산된 상품과 서비스입니다. 예컨대 방 정리 해주기 쿠폰, 휴대전화 2시간 자유이용권, 신상 딱지 자유선택권, 책 읽어주기 쿠폰, 주말 숙제 면제권, 간식 우선 선택권 등이 있을 거예요. 모여 있는 친구들, 가족들과 경매를 시작합니다. 입찰 희망자들에게 각자의 낙찰 희망 가격을 종이에 써서 제출하도록 합니다. 가장 높은 입찰가를 쓴 사람에게 낙찰이 됩니다. 이제 각 쿠폰을 낙찰 받은 사람에게서 콩을 회수합니다. 판매된 각 쿠폰의 최종 가격을 기록하고, 총액을 계산해서 적어둡니다.

곧바로 2라운드가 이어집니다. 콩을 추가로 나누어주고,

1라운드와 동일한 쿠폰 3개를 동일한 방식으로 경매합니다. 1라운드에서 남은 돈이 있는 사람은 2라운드에 그 돈을 쓸 수 있습니다. 새로 분배된 돈도 콩 하나에 천 원으로 가치가 같아요. 1라운드에 분배된 금액의 약 두 배에 해당하는 6~12개의 콩을 무작위로 배분하세요. 1라운드 경매와 똑같은 방식으로 진행합니다. 이때, <u>2라운드에서 팔린 쿠폰들의 가격은 상당히 높아져야 해요</u>. 만약 구성원들이 다음 경매를 예상하며 높은 가격을 입찰하지 않으면, 이것이 최종 경매라운드라는 것을 알려주세요. 2라운드를 벗어나면 더 이상 콩을 돈으로 사용할 수 없다는 것을 분명히 공지합니다. 가장 높은 입찰가를 쓴 사람에게 낙찰이 되고 나면, 각 쿠폰의 최종 가격을 기록하고 총액을 계산하여 적어둡니다.

마지막으로 1라운드와 2라운드의 최종 가격을 비교하세요. 1라운드와 비교하여 2라운드의 가격은 어떻게 되었을까요? 2라운드에서 가격이 훨씬 더 높아집니다. 경매의 상품은 달라졌나요? 그렇지 않지요. 똑같은 쿠폰을 경매했습니다. 1라운드보다 2라운드에서 구매할 수 있는 아이템이 더 많았나요? 그렇지 않습니다. 쿠폰 수도 똑같았지요. 그런데 2라운드에서 가격이 상승한 이유는 무엇이었을까요? 사람들이 2라운드에서 더 많은 돈을 가지고 있었기 때문입니다. 아이템은

같았지만 1라운드보다 더 많은 금액을 입찰할 수 있었지요.

이제 아이들에게 통화 공급과 물건값 사이의 관계를 설명해줍니다. 통화 공급과 상품의 가격은 직접적인 관련이 있습니다. '인플레이션'이란 경제에서 상품 가격이 지속하여 상승하는 움직임입니다. 인플레이션은 일부 상품의 개별 가격이 아니라 평균 가격 수준의 상승입니다. 휘발유와 영화표 가격은 인상되지만 컴퓨터와 야구 관람권 가격은 떨어질 수도 있습니다. 인플레이션은 화폐의 공급 속도가 경제에서 생산되는 재화와 서비스의 공급 속도보다 빠를 때 발생합니다. 전체 물가 수준이 상승하면 돈의 가치는 떨어집니다.

생필품에 독점적 사업권을 부여해요

우리 가족이 공용으로 쓰는 것 중에 자녀의 생활습관을 방해하는 것이 있나요? 아이패드나 컴퓨터, TV, 스마트폰이 그런 것이라면 여기에 독점권을 부여해보세요. 부모님이나 아이들 중 거실 TV의 독점적 사업권을 살 수 있는 사람이 있다면, 경매에서 입찰을 받도록 합니다. 아마도 부모님 두 분 중 한 명이 되겠지요? 사용 허가 시간에는 자녀가 자유롭게 이용할 수 있습니다. 하지만 부적절한 시간에 TV를 이용하려면, 독점권을 가진 부모님께 사용 수수료를 지불해야 합니다. 이런 활동은 독점권에 대한 경제적 지식을 배울 수 있을 뿐만 아니라, 생활습관을 효과적으로 잡을 수 있는 도구가 됩니다. 소비자는 가격이 비쌀수록 재화나 서비스를 덜 이용하기 때문이지요.

가상화폐를 만들어요

아이에게 수당을 지급할 때마다 매번 현금을 찾기가 번거로울 거예요. 이럴 때 가상화폐가 있으면 유용합니다. 아이는 수당을 받을 때 가상화폐로 받고, 나중에 일괄 현금으로 교체하는 것이지요. 달력을 붙여놓고 자석을 가상화폐로

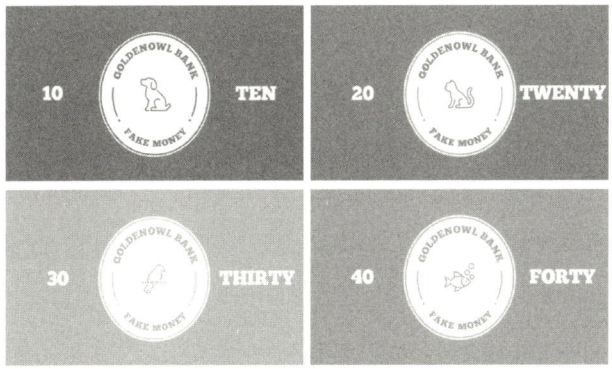

가상화폐 예시

쓸 수도 있습니다. 아이가 직접 가상 화폐를 디자인하고 코팅해서 써도 좋아요. 가상 화폐 하나당 금액을 정하고 이름도 붙여보세요.

회계사를 고용해요

아이가 저금한 것, 소비한 것을 기록할 때 계산 착오가 있을 수 있습니다. 부모님이 일일이 저축 현황을 감시하거나 오류를 확인하기에는 손이 모자라죠. 이럴 때, 큰아이를 회계사로 고용해보세요. 첫째 아이에게 더하기, 곱하기, 백분율 계산과 고객(둘째 아이)에게 알기 쉽게 설명하는 업무까지 전적으로 맡기고, 회계 수수료를 내세요.

30,000원 × 0.05 = 1,500원

덤으로 둘째는 첫째에게 수학을 배울 수 있습니다. 이자율이 5%이고 현재까지 저축된 금액이 3만 원이라면, 이번 달에 둘째 아이가 받게 될 이자가 얼마일까요? 아이들끼리 가르치고 배우면서 생활 수학을 익히는 효과도 볼 수 있습니다.

소득세를 청구해요

부모님은 은행 역할을 할 수 있어요. 아이가 저축하면 이자를 주고, 대출을 하면 대출 이자를 상환하도록 합니다. 자녀가 대출 이자를 연체하면 신용도가 떨어지고, 다음에는 대출을 받지 못할 가능성이 높아집니다. 은행이 있다면 정부도 있겠지요? 미니 경제는 실제와 비슷하게 운영되기 때문입니다. 부모님은 미니 정부로서 자녀의 소득에 대해 세금을 걸을 수 있습니다. 아이에게 생기는 모든 수입에 대해서 세금을 부과하는 것이죠. 이런 활동은 아이에게 정부의 역할을 이해시키는 방편이 되기도 합니다. 아이에게 걸은 세금은 결국 미니 정부가 국민(아이)을 위한 복지비용으로 쓴다는 점도 알려주세요. 은행에서 이자율을 미리 정하듯이, 미니 정부의 세금 비율도 미리 정하여 아이 앞으로 소득세 청구서를 발행해보세요.

세금청구서

이름 _____ 날짜 ____ / ____ / ____

소득

1. 수입 총액 _____ 원
2. 이자 소득 _____ 원
3. 추가 소득 _____ 원

   총 소득액 _____ 원

공제

4. 기부 공제 _____ 원
5. 추가 공제 _____ 원

   총 공제액 _____ 원

세금 계산

총 소득 × 소득세율 = 세금

_____ 원 × _____ % = _____ 원

납부기일 ____ / ____ / ____

납부자 _____ (인)

매달 집으로 날아오는 세금청구서에서 지방교육세를 아이와 함께 찾아보세요. 아이가 다니는 학교를 지원하기 위해 지방자치단체에서는 부동산에 대한 재산세를 부과하지요. 학교에서 아이가 받는 교육 서비스와 물품의 재원이 어디인가를 설명해주세요. 단순히 공짜가 아니라, 세금으로부터 충당된다는 사실을 말이죠. 그리고 이런 세금 체계를 가정에서 간단히 체험해봅니다.

아이 책상 위에 세금청구서를 올려두고 특정 기간 안에 납부하도록 요청합니다. 세금청구서를 발행하는 순간, 자녀가 사용하는 생활필수품·책상·휴식공간은 공짜가 아닙니다. 집안 구성원이 공동으로 사용하는 컴퓨터나 소파 같은 것들은 공공재입니다. 자녀 소유의 자전거나 킥보드를 보관하기 위한 공간도 대여해준 상태입니다. 자녀는 늘 부모님으로부터 안전을 보장받고 자녀가 아플 때는 늘 부모님이 병원에 동행해줍니다. 이러한 공간대여료, 공공재 이용료, 안전보장 서비스 이용료, 의료 서비스 이용료, 아이가 사용하는 전기요금, 수도요금 등이 아이가 내는 세금에 포함됩니다. 자녀가 받은 용돈과 노동의 대가로 받은 모든 소득에 대해 소득세율을 적용하여 세금을 청구합니다. 단 기부금에 대해서는 소득공제를 해줄 수 있습니다.

설날에 세배하고 받은 용돈을 엄마가 가져가면 아이들은 으레 "엄마가 뺏어갔다"라고 이야기합니다. 더구나 세금을 걷겠다고 하면 "내 돈을 빼앗겼다"고 생각할 수 있겠죠. 아이에게서 받은 소득세는 아이에게 필요한 물건을 사는 데 사용될 것이라는 점을 미리 알려주세요.

임대차 계약서를 써요

아빠는 아이 방을 세놓는 임대인, 엄마는 가운데에서 의견을 조율하는 부동산중개인이며, 아이는 자기 방에 대한 임차인이 됩니다. 자녀가 딸이라면, 엄마가 임대인 역할을 맡아보세요. 그리고 아이 방을 대상으로 월세나 전세를 계약하는 임대차 계약서를 작성합니다. 중개인은 전월세 계약 조건을 따져서 아이에게 더 유리한 조건이 무엇인지 알려줍니다. 임대인(부모님)이 제시한 조건이 임차인(자녀)에게 과도한 조건이라면 협상하여 가격을 조정합니다. 보증금을 좀 더 내고 월세를 깎아달라고 요구 하거나, 아이에게 전셋값을 낼 만큼 돈이 많지 않다면 월세를 늘릴 수 있겠죠. 이때, 아이 방의 전세나 월세의 가격에 대한 기준은 가정마다 다를 거예요. 아이 수준을 고려하여 임대비용을 매우 적은 금액으로 책정할 수 있습니다. 좀 더 현실에 가깝게 도입하기 위해서는 레

버리지(차입금 등 타인의 자본을 지렛대처럼 이용하여 자기 자본 이익률을 높이는 것)를 활용하여 자기 방을 구매하도록 이끌 수도 있습니다. 만일 수개월 내에 이사 계획이 있는데 사는 주택의 가격이 상승했다면, 아이 방의 가격도 오른 셈이지요? 우리 집을 매수한 시점 대비 현재 우리 집의 실거래가가 몇 퍼센트 상승했다면 아이 방도 같은 비율로 가격을 매겨줍니다. 이사를 나갈 때, 매수인에게 지불받은 가격에서 아이 몫에 해당하는 방값을 아이에게 전달합니다. 새로운 집에서는 새로운 방 계약서를 작성합니다.

임대차 계약서를 작성할 때, 기간은 만 20살이 될 때까지로 정할 수도 있고, 3년에 한 번씩 갱신한다고 정할 수도 있습니다. 갱신할 때에는 전월세 가격이 인상될 수 있습니다. 사소한 주장과 의견 차이가 있을 때에는 계약서를 참고합니다. 계약서에 방의 임대료, 거주 기간 외 여러 조건이 포함될 수 있습니다. 아이 방이 어떤 상태를 유지하길 바라시나요? 이부자리는 항상 정돈되어 있어야 하나요? 책상 정리와 옷 서랍장은 스스로 정리해야 할까요? 임대료 미납 시 벌금이 있나요? 아이의 방 사용에 관한 이야기를 나누어보시고, 임대차 계약서를 함께 적어보아요.

아이 방 임대차 계약서

날짜 ____ / ____ / ____

○○○은 △△△로부터 방을 위 날짜부터 ____ / ____ / ____까지 ____달 간 임대합니다. 매달 임대료를 _____원 납부합니다. 계약 갱신 시 가격이 인상될 수 있으며 임대인은 임차인에게 손해배상금을 청구할 수 있습니다. 임대료를 내지 않을 경우 벌금은 _____원입니다.

추가계약사항

임대인 _____(인)
임차인 _____(인)

교실에서 더 재밌게

우리 집 미니 경제의 가장 큰 장점은 현실을 반영하고 있다는 점이에요. 집 밖을 나서면 현실 경제가 펼쳐져 있으니까요. 아이는 자기가 번 돈을 쓰며 바로 실전에 돌입할 수 있습니다. 교실이나 기관에 가서 미니 경제를 체험하는 것보다 훨씬 실전에 가깝죠. 교실에서 미니 경제 활동을 하려면, 매주 따로 시간을 확보해야 합니다. 교과서 진도만으로도 벅찬 가운데, 별도로 시간을 마련하기가 만만치 않죠. 교실 속 미니 경제를 운영하려면, 가상화폐를 정하고 아이마다 직업을 맡기고 사업체를 운영하도록 합니다. 가상화폐 디자인 공모를 열고 아이들의 투표로 우리 반 화폐를 결정합니다. 이 화폐가 어떤 권한이 있는지는 따로 결정해야 합니다. 교실 속 가상화폐를 들고 마트에서 계산할 수는 없으니까요. 가상화폐로 살 수 있는 교실 아이템을 설정해야 합니다. 여러 가지 점에서 미니 경제를 커리큘럼에 통합하려면 교사의 노력이 많이 필요합니다.

그럼에도 불구하고 교실 속 미니 경제를 운영하는 이유는, 재미있기 때문입니다. 예를 들어 한 미니 경제 교실에서 대출이 많이 발생했다고 칠까요? 은행은 대출 이자를 높여서 돈을 많이 벌어들이고 있었죠. 몇 명의 학생들은 이것이 마음에 안 들었습니다. 그래서 자기들끼리 새로운 은행을 열었어요. 대출 이자가 저축 이자만큼 낮아졌지요. 그러자 기존 은행 역시 대출 이자를 낮추며 경쟁구도가 되었습니다. 한 기업이 독점하지 않고 경쟁을 시작하니, 소비자들이 유리해졌습니다. 이렇게 교실에서는 또래끼리 교류하면서 수요와 공급의 균형을 체험할 수 있습니다. 미니 경제 교실이 재미있는 이유는, 시장 참여자가 많기 때문입니다. 가정에서보다 더 다양한 활동을 해볼 수 있죠.

교실 속 부동산 계약

아이들이 책상 경매에 참여하여 자기 책상을 구매할 수 있어요. 만일 책상을 사지 않으면, 여분이 있는 친구에게 임대해야 합니다. 물론 책상 소유자는 매월 부동산세를 정부(교사)에 냅니다. 혜원이는 책상 임대사업을 운영하는 임대사업자입니다. 책상을 총 5개 소유하고 있고, 다른 친구들에게 책상을 빌려주지요. 책상 임대사업을 하면 부동산세와 책상 유지·관리에 비용이 듭니다. 하지만 임대 수익이 발생하면서, 세금을 내는 것보다 더 많이 벌어들이고 있지요. 이 사실을 알고 나서부터 혜원이는 책상을 하나 더 구매하기 위해 자금을 모으고 있습니다.

책상뿐 아니라 교실 바닥도 살 수 있습니다. 준우는 직접 제작한 석고 방향제를 팔기 위해서 정부(교사)에 사업자등록을 했어요. 교실 사업을 운영하려면 상품을 판매할 장소가 있어야 하죠. 준우는 교실 뒤쪽의 바닥을 제곱미터로 재어서 필요한 만큼 땅(교실 바닥)을 사려고 합니다.

어느 날 방학 과제물을 창가 벽면에 게시하겠다는 정부(교사)의 발표가 있었습니다. 자본을 충분히 갖고 있었던 소율이는 정부 계획에 근거하여 미리 부지를 선점했지요. 정부(교사)는 계획대로 게시물을 설치하기 위해 소율이에게 장소를 임대해야 했습니다. 소율이는 임대료도 받고, 높은 가격으로 다른 사업자에게 장소를 팔았습니다. 유동인구가 많아져 교실 사업자들 중에 이곳을 이용하고 싶어 하는 사람들이 늘어났기 때문이지요.

부동산 소유 기록장

이 목록의 마지막에 기재된 사람이 _____번 책상의 소유자입니다.

책상이 거래될 때마다 새로운 소유자는 자기 이름을 기록하세요.

부동산 소유 기록장에 근거하여 부동산세가 부과됩니다.

날짜	소유자	행정부장
	(인)	(인)
	(인)	(인)
	(인)	(인)
	(인)	(인)

책상 경매와 임대차 계약을 해보면 아이들이 부동산을 사야 할지 말아야 할지 고민하게 됩니다. 자연스럽게 부동산 임대와 매매의 장단점을 논의할 수 있지요. 임대는 이동의 자유가 많고 유지 관리에 드는 비용이 적고 재산세를 낼 필요가 없습니다. 또 초기 현금 지출이 적고 빚을 내지 않으므로 재정적인 위험도 적습니다. 부동산을 사면 재산을 늘릴 수 있고, 임대료를 받아서 자본 이득이 생깁니다. 창가

쪽 책상이나 교실 뒤 공간 같이 인기가 많은 자리는 가격이 높습니다. 자산을 소유한 사람은 자유롭게 판매하여 이득 또는 손실을 얻어요. 대개 후속 구매자는 좀 더 높은 가격을 지불하고 자산을 구매하지요. 책상을 소유하면 부동산세를 내고 책상을 팔면 양도소득세를 냅니다. 부동산 중개인 직업을 가진 학생도 있습니다. 부동산 중개인들은 정보와 전문성을 제공하고 수수료를 받습니다. 아이들 간의 임대차 계약서를 모아서 미니 경제 테마 게시판을 꾸밀 수 있어요.

책상 임대차 계약서

날짜 ____ / ____ / ____

○○○은 △△△로부터 3번 책상을 위 날짜부터 ____주간 임대합니다. 매달 임대료를 _____원 납부합니다.

추가계약사항

임대인 _____(인)

임차인 _____(인)

토지 임대차 계약서

날짜 ____ / ____ / ____

장소 : ____

면적 : ____ m²

○○○은 △△△로부터 교실 바닥을 위 날짜부터 ____주 간 임대합니다. 매달 임대료를 _____원 납부합니다.

추가계약사항

임대인 _____(인)

임차인 _____(인)

교실 사업자의 주식 발행

민재는 보험업을 시작하기로 했습니다. 이때 계약서와 광고판을 만들 재료가 필요하지요. 교사에게 필요 물품을 구매(대여)하기 위해서는 자본이 필요합니다. 민재는 주식을 발행하여 필요한 자본을 모으기로 했어요. 주주들에게 주식 증서를 주고, 의결권도 줍니다. 투자받은 돈으로 교실 바닥을 임대하여 사업장을 차렸습니다. 매주 발생하는 모의 사고에 대비하기 위한 최선의 선택은 보험이라는 점을 크게 홍보하고 있지요. 민재의 사업이 잘 되면, 이 보험회사에 투자한 투자자들의 주식 가치가 올라갑니다.

주식증서

회사명 : _____

주식번호 : _____

주식 가격(살 때) _____원
주식 가격(팔 때) _____원
수익/손실 금액 _____원

소유자 _____(인)
중개인 _____(인)

시장 참여자의 주식 거래

매주 수요일은 증권거래소가 열리는 날입니다. 모든 학생이 참여하여 주식을 사고팔게 되지요. 시우는 애널리스트입니다. 의뢰를 받은 기업의 사업내용, 예상 수익, 전망을 10분간 발표하기로 되어 있어요. 투자자 유치를 위한 10분 투자설명회입니다. 시우는 이번 설명회에서 배당금에 대해 자세히 이야기했습니다. 투자자 중에는 배당금을 잘 주는 회사에만 투자하는 사람도 있기 때문이지요. 반면 아직 시작단계이지만 주식 가격이 싸고 미래가 좋아 보이는 회사에 투자하는 사람도 있습니다. 주가가 높더라도 수익을 잘 내는 것을 중요하게 생각하는 사람도 있지요. 또 언제나 수요가 있는 은행이나 보험사에 투자하는 사람도 있습니다.

장이 마감한 후에는 교사가 발행 주식 수와 주가를 곱하여 시가총액이 큰 순위부터 사업자들을 나열해 보여줍니다. 모 기업이 발행 주식 수를 갑자기 늘려서 주가에 어떤 변화가 있었는지, 새로 상장한 기업에 대한 기대가 커서 공모가 대비 시초가가 얼마까지 형성되었는지 등 최근 뉴스와 연관 지어 이야기해줍니다.

정부의 공무원 고용

수빈이는 교실 공무원입니다. 수빈이 학급에서는 세금징수원, 학급 우유 배달부, 환경미화원, 학급의원과 같은 공무원을 투표로 선출하거나 정부(교사)가 고용했지요. 시장 참여자들은 소득세, 부동산세, 양도소득세 같은 세금을 냅니다. 이 세금에서 교실 공무원의 급여가 지급되는 겁니다. 때로 정부(교사)에서는 세금 인상을 발표하기도 합니다. 학생 중 일자리를 잃은 사람에게 복지 수당을 지급하는 일도 생기죠. 수빈이네 학급에서는 사람들에게 복지 수당을 줘도 되는가, 얼마만큼 줘야 하는가에 관해 토론도 해보았습니다.

모의 사고와 보험가입

교실에서는 매주 모의 사고가 1건씩 발생해요. 통 안에 표를 넣고 임의로 뽑으면, 사고유형과 당사자가 무작위로 당첨됩니다. 모의 사고에 당첨이 되면, 아이들은 사고비용을 내야 하지요. 누구나 당첨될 수 있기 때문에 아이들은 미리 보험에 가입해두곤 합니다. 보험계약서에는 사고유형, 보장내용, 보장금액, 보험료, 만기일, 만기 환급금이 적혀 있습니다. 보험사업자가 여러 명 있으면, 사업자들끼리 경쟁하게 되어 보험료가 낮아지겠죠. 아이들이 보험 청구를 경험해보면서, '보험에 드는 게 과연 유리한 것인가'에 대해 논의해볼 수 있어요. 보험회사도 이익을 최우선으로 하는 기업이므로, 손해를 보려 하지 않기 때문이죠. 보험 상품에 가입하는 게 좋은지, 아니면 스스로 사고에 대비한 돈을 모으는 게 나은지 생각해봅니다.

보험계약서

보험유형 _____

날짜 ____ / ____ / ____

보장내용 _____

보장금액 최대 _____원

보험만기일 __/__

보험만기환급 _____원

보험료 매주 _____원

보험회사명 _____

보험설계사 _____

보험구매자 _____(인)

2

어린이 기업가가 되어보아요

사업에 나이는 숫자일 뿐

아홉 살 아이가 기업가가 될 수 있다고 생각해본 적 있나요? 목욕 제품을 아주 좋아하는 아홉 살 제라니Jelani Jones는 부모님과 함께 농산물 시장에 가서 실제 원료를 살펴보았습니다. 공급 업체 중 하나가 기꺼이 아이의 멘토가 되어주었고, 제라니는 아홉 살에 라니 부 바스Lani Boo Bath라는 브랜드를 만들었지요. 한나Hannah Grace도 목욕 제품을 좋아하는 아이였는데, 한나의 아빠는 열 살짜리 아이에게 '너도 똑같은 걸 만들어보라'고 말했습니다. 현재 한나는 뷰티풀BeYOUtiful이라는 브랜드를 만들고, 수익의 20%는 청소년 당뇨병 연구기금에 기부하고 있습니다. 슬라임을 좋아하는 열두 살 아이였던 매디^{Maddie Rae}는 오랜 기간 슬라임을 연구한 끝에 슬라임 글루^{Slime Glue}라는 사업을 시작했어요. 현재 온라인으로 사업을 확장하여 다양한 슬라임 액세서리를 팔고 있습니다. 열세 살 소피^{Sofi Overton}는 사촌이 휴대폰을 부츠에 보관하는 것을 보고는 레깅스에 주머니를 달아보기로 결심했어요. 와이즈 포켓^{Wise Pocket}이라는 브랜드를 만들고, 휴대폰을 넣을 수 있도록 주머니가 달린 양말과 레깅스를 만들어 팔고 있습니다.

기업가의 영어단어인 Entrepreneur는 프랑스어에 기원을 두고 있으며, 13세기에 쓰인 '어떤 일을 시작하다'라는 뜻의 동사 Entreprendre에서 유래된 말이에요. 기업가가 되기 위해 꼭 어른이 되어야 할 필요는 없습니다. 어린이도 어떤 일을 얼마든지 시작할 수 있지요. 나이가 어려도 아이디어가 있고 그걸 현실로 만들겠다는 의지가 있다면 기업가가 될 수 있습니다.

기업가는 자신을 위해 일하는 사람입니다. 다른 사람을 위해 일할 때, 나에게 돈을 얼마나 줄지 정하는 사람은 사장님이지요. 직원은 사장님이 맡기는 일을 해야 하고 사장님이 원하는 만큼 일해야 합니다. 물론 기업가라고 해서 모든 일이 즐겁기만 한 것은 아닙니다. 고객이 계속 찾아오도록 일을 잘해야 하지요. 기업가는 일하고 싶을 때, 하고 싶은 만큼 일할 자유가 있지만, 그만큼 책임이 많이 따릅니다. 기업가는 자기 사업에 필요한 일이라면 무슨 일이든지 다 해야 합니다. 무엇을 어떻게 얼마에 팔지를 정하고, 타이핑하거나 박스를 배송하는 일도 합니다. 사업이 커지면 혼자서 모든 일을 다 할 수 없기 때문에 직원을 고용하거나 남에게 일을 주고 수수료를 받을 수도 있습니다. 직접 일하지 않고 수수료만 받는 것이 정당한 걸까 하는 고민이 들 수도 있어요. 하지만 처음으로 일을 생각해내고 그것을 실천으로 옮겼다는 사실의 가치는 상상 이상입니다. 아이디어를 떠올리고 생각이 사업이 되게 만든 것에 대한 보상을 받는 것이지요.

어떤 사람이 기업가의 자질을 갖춘 사람일까요? 기업가는 새로운 일을 두려워하지 않는 사람입니다. 우리 사회를 더 나은 곳으로 만들 새로운 방법을 찾고, 돈이 되는 아이디어를 찾아다닙니다. 남들과 이야기하기를 좋아하고 창의적입니다. 과감하게 모험하고, 원하는 걸 얻기 위해 기꺼이 일합니다. 좋은 기업가는 고객의 평가에 민감하고, 고객서비스를 제공할 줄 압니다. 우리 아이가 벼룩시장에 나가서 수제

비누를 만들어 팔았는데, 손님이 제품에 문제가 있다고 말한다면, 어떨까요? 다음 제조 때에는 좀 더 신경을 쓰고, 피드백을 준 손님에게 공짜로 하나 더 줄 수도 있어요. 기업가는 사람들이 제품에 대해 무슨 말을 하는지를 들을 줄 알아야 합니다. 평가를 받았을 때 화내거나 주눅 들지 않는 대신 왜 고객이 마음에 들어 하지 않는지 이유를 찾고, 문제를 해결할 방법을 찾아야 하지요. 우리 자녀에게는 기업가 자질이 있을까요? 다음 문구들이 우리 아이와 얼마나 어울리는지 생각해보아요.

Q&A
유대인이 부자인 이유는 무엇일까요?

Q. 세계적으로 성공한 투자자, 사업가를 논할 때 유대인을 빼놓고 이야기할 수 없습니다. 과연 무엇이 유대인을 이토록 경쟁력 있는 집단으로 만들었을까요?

SNS에서 영향력 있기로 유명한 게리 바이너척 이야기를 소개합니다. 게리 바이너척은 봄에는 화단에 핀 꽃으로 꽃다발을 만들어 팔고, 여름엔 이웃집의 차를 세차하고, 가을엔 이웃집 마당의 낙엽을 긁어모으고, 겨울엔 이웃집 길의 눈을 치워서 돈을 벌었다고 합니다. 레모네이드 스탠드도 운영했는데, 주스가 잘 팔리면서 총 7개의 레모네이드 가판대를 운영하게 됩니다. 여덟 살에 프랜차이즈를 시작한 것이죠. 십 대가 되어서는 야구 카드를 팔기 시작했습니다. 이때 자본금이 필요했는데, 유대인 아버지는 흔쾌히 1,000달러를 빌려주었습니다. 열다섯 살이 되어서는 아버지가 운영하는 주류 판매점에서 판매를 시작했습니다. 연매출이 200~300만 달러이던 아버지의 주류 판매점을 6,000만 달러 이상의 매출을 올리는 사업체로 성장시켰습니다. 2006년에는 기존의 와인 사업을 와인 라이브러리로 브랜딩하고 수백만 달러 매출을 내는 사업으로 발전시킵니다. 현재 게리 바이너척은 미디어컴퍼니를 설립하고 소셜 네트워크 업계의 구루로 통합니다. 어릴 때 돈을 벌어 본 경험이 미래의 CEO를 길러냈지요.

유대인 아버지는 자녀가 어릴 적부터 돈을 벌게 했고 나중에는 아버지가 운영하는 가게에서 판매를 하도록 했습니다. 게리 바이너척이 경험한 레모네이드 스탠드의 유래는 무려 130년 전까지 거슬러 올라갑니다. 130년 전 뉴욕 거리에서 한 젊은이가 자동차 운전자들에게 레모네이드를 만들어 판 것에서부터 시작되었다고 해요. 레모네이드 스탠드는 기업가 정신의 상징과도 같습니다. 너무 오래되어서 진부할 만큼 고전적인 경제교육법이지요. 그런데도 우리나라에서 이런 활동을 실제로 해 본 아이는 몇 명이나 될까요? 미국인이나 유대인 자녀들은 앞마

당에 레모네이드 가판대를 세워두고 인생의 첫 번째 벤처사업을 경험합니다.

우리도 용돈을 주는 것에서 한 걸음만 더 나아가 볼까요? 아이가 직접 돈을 벌어보면 경제 감각이 살아납니다. 아이가 돈 버는 경험을 해볼 수 있도록 부모님이 적극적으로 지원을 해야 합니다.

Q. 아이가 모은 돈이 원하는 물건을 사기에 조금 부족할 때는 엄마가 좀 보태줘도 될까요?

유대인 부모의 철저한 경제교육에 관한 유명한 사례가 있습니다. 어떤 아이에게 오랫동안 꼭 사고 싶었던 장난감이 있었습니다. 차곡차곡 용돈을 모아 드디어 장난감을 살 돈이 마련되었지요. 함께 한 시간을 운전해서 가게에 도착했습니다. 그런데, 아이가 가져온 돈보다 실제 물건값이 2천 원 더 비싸다면 어떻게 해야 할까요? 우리나라는 부가세 10%가 물건값에 합쳐져 있는 것과 달리 미국에서는 세금이 상품 금액에 포함되어 있지 않지요.

딱 세금만큼 돈이 부족했습니다. 유대인 부모님은 부족한 금액을 보태주었을까요? 약간 모자라는 금액마저도 유대인 부모는 채워주지 않았습니다. 아이는 부모와 함께 다시 한 시간 동안 차를 타고 집에 돌아와야 했습니다. 미처 계산하지 못한 세금만큼 돈을 더 모아야 하기 때문이지요.

왕복 2시간을 운전해서 헛걸음치기란 귀찮은 일이 아닐 수 없습니다. 그렇더라도 유대인 부모가 불편을 감수한 이유는 교육을 위해서지요. 아이가 채워야 하는 돈을 대신 내주면 배움의 기회를 놓친다는 것을 알기 때문입니다. 아이가 원하는 걸 찾아가는 길을 동행하되, 대신 해주지 않는 단호함이 아이를 부자로 키웁니다.

어린이 기업가가 되는 법

인도에 일이 생긴 아버지를 따라간 초등학생 시환이의 이야기입니다. 인도에서 잘 팔릴 만한 게 무엇일까(1단계 : 아이디어) 생각해보니, 한국의 마스크팩이 떠올랐어요(2단계 : 마케팅- 팔 상품 정하기). 시환이는 마스크팩을 많이 사 들고 비행기에 올랐습니다. 아파트 이웃에게 온라인으로(2단계 : 마케팅- 장소 정하기) 선착순 판매와 배송까지 맡았습니다. 마스크 1팩에 100루피, 2팩에 150루피, 5팩에 350루피(2단계 : 마케팅- 가격 정하기), 서비스는 한국 믹스커피였지요. 수익의 10%는 기부한다는 문구도 적어 넣었어요(2단계 : 마케팅- 기업윤리 정하기). 이웃들은 어떤 피부 타입에 맞는지 자세히

아파트 주민 커뮤니티에 상품을 홍보하는 모습

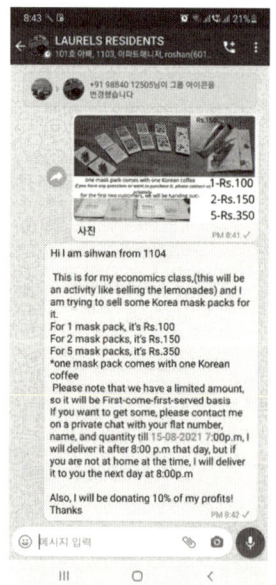

묻기도 하였고, 한국 문화가 궁금한 사람은 마스크팩보다 다른 질문을 더 많이 던지기도 했습니다. 아이가 기특하다며 주문하기도 해서 마스크팩은 모두 판매가 되었죠(3단계 : 수익실현). 시환이의 동생은 형을 따라다니며 장부 정리를 도왔는데, 인건비를 일정 부분 배당해주기도 했습니다. 시환이는 이번 경험을 통해 홍보의 중요성과 팔려고 하는 제품에 대해 잘 알아야겠다는 깨달음을 얻었습니다.

초등학생이 어떻게 이런 생각을 해낼 수 있었을까요? 시환이는 출국하기 전에 어린이 경제신문의 경제클럽에서 창업수업을 받았습니다. 아이도 집 밖에서 돈 벌 수 있다는 생각을 갖게 된 것이죠. 아이가 돈 벌 수 있는 방법은 생각보다 다양하고, 해볼 만합니다. 도전하겠다는 의지가 있다면, 다음의 단계를 차례대로 따라하도록 이끌어보세요.

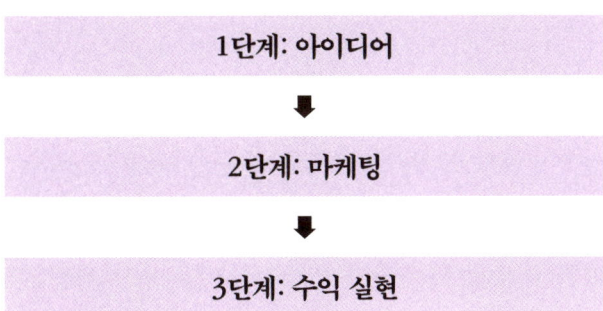

4단계: 사업자 등록

1단계: 아이디어

모든 사업은 아이디어에서 시작되지요. 돈이 될 특별한 아이디어는 어디에 있을까요? 뭔가 사람들에게 인기가 있으면서 나도 즐거운 일 말이에요. 우선, 아이가 무엇을 좋아하는지부터 살펴보세요. 취미가 있나요? 어떤 게임을 좋아하나요? 악기 연주를 잘하나요? 자전거를 좋아하나요? 가르치는 걸 좋아하나요? 곤충을 좋아하나요? 아이가 좋아하는 것, 잘하는 것들을 쭉 적어보세요. 그 속에 사업거리가 있을 거예요. 로블록스 게임을 좋아하나요? 코딩을 가르쳐주는 강좌를 열어보세요. 게임 안에서 직접 아이템을 만들어서 팔아보세요. 환경 문제에 관심이 많나요? 친환경 제품을 소개하는 유튜버가 되어 보세요. 기업에서 제품을 제공해주거나 리뷰요청을 받을 수도 있어요. 직접 만든 쿠키, 수제음료, 할머니표 반찬을 5일장에서 판매해보세요. 기존 휴대폰 거치대에 불편한 점이 있나요? 발명 아이디어가 있다면 시제품을 만들어보세요. 어디를 어떻게 바꾸면 좋을지 그림을 그려봅니다.

아이가 가진 기술과 재능이 아무리 사소해도 돈 버는 아이디어로 바뀔 수 있어요.

꿀 정보
어린이 디자이너가 되어보세요!

미리캔버스 https://www.miricanvas.com/
캔바 https://www.canva.com/

디자인 감각이 발달하지 않은 사람이어도 전문 디자이너처럼 포스터를 만들 수 있어요. 미리캔버스는 전체를 무료로, 캔바는 일정 부분을 무료로 이용할 수 있습니다. 디자인 사이트는 조금만 배우면 쉽게 이용할 수 있습니다. 초대장이나 포스터를 대신 만들어주고 돈을 받아보세요. 단골 가게의 표지판을 새로 바꿔주고 돈을 받아보세요.

지금 아이 주변을 한번 둘러보아요. 애완동물을 키우는 친구가 있나요? 다섯 살 동생과 놀아줘야 하는 친구가 있나요? 곤충이나 식물을 키우고 싶어 하는 친구가 있나요? 우리 동네 김밥집의 메뉴판이 너무 오래되진 않았나요? 이모나 삼촌이 항상 바빠 보이나요? 가장 좋은 시작점은 주변 사람들입니다. 가족, 친구, 이웃을 관찰해보세요. 어떤 서비스가 사람들에게 필요할까요? 누가 나의 고객이 될 수 있을까요? 아이가 스스로 또는 친구와 할 수 있는 안전한 일이라면, 과감히 시작해보세요. 일단 시작하는 것이 중요합니다. 자전거를 타고 심부름 서비스를 시작해보세요. 과일, 우유, 빵을 대신 사주고 돈을 받아요. 공부를 잘한다면 튜터링 서비스를 시작해요. 장수풍뎅이의 알이나 애벌레를 분양해보세요. 창문 닦기, 낙엽 치우기, 일러스트 그려주기, 베이비시터나 펫시터 등 아이가 돈을 벌 수 있는 방법은 다양합니다.

쓰레기 수거업체는 현관까지 오지 않습니다. 쓰레기 수거함까지만 도착하지요. 현관에서 집 앞 쓰레기 수거함까지 봉투를 들고 옮기는 일이 얼마나 귀찮은지 모릅니다. 이렇게 사소하지만 귀찮은 일들이 아이에게는 사업 거리가 됩니다. 꼭 해야 하는 일이지만, 어른들이 귀찮아하는 일이죠. 규모가 너무 작아서 기업의 영향력이 미치지 않는 곳을 찾아보세요. 조경 관리 업체는 많지만, 개인 정원은 관리해주지 않아요. 영·유아를 위한 가정방문 교육업체는 많지만, 초등 1학년 받아쓰기만 전문으로 가르쳐주지는 않습니다. 아이가 1인 기업이 되면 이 모든 것들을 사업 기회로 활용할 수 있어요. 대형 기업이 맡지 않을 만큼 작은 규모이지만, 확실히 존재하는 수요를 노리는 것이지요.

대규모, 광범위

대상 제한 없음, 비싼 가격	기존의 대규모 분리수거 업체	일반가정 대상, 저렴한 가격
	가정집 분리수거	

소규모, 집 근처

2단계: 마케팅

1. 팔 상품 정하기

⬇

2. 초기비용 세팅하기

3. 가격 정하기

4. 장소 정하기

5. 기업 윤리 정하기

6. 홍보하기

1. 팔 상품 정하기

　은우는 내가 가진 지식 중에 팔 수 있는 게 무엇이 있을까 생각해봤습니다. 게임을 좋아해서 메타버스에 대한 이해도가 높다고 판단했죠. 〈메타버스 완벽 이해〉라는 강의를 개설하고 싶습니다. 그러면 이 강의에 대한 홍보는 어떻게 하면 좋을까요? 무엇을 팔지 안다는 것은 고객을 안다는 것과 같습니다. 은우의 상품을 소비해줄 목표 시장은 어디에 있을까요? 미래사회에 관심이 없는 사람은 대상이 아닙니다. 컴퓨터에 능숙하고, 미래에 세상이 어떻게 바뀔지 관심 있는 사람들이 어디에 몰려있는지를 생각해야겠지요. 아파트 현관문에 홍보지를 붙이는 것보다는 블로그나 SNS에 홍보하는 편이 더 효과적일 거예요. 〈메타버스 완벽 이해〉 강의가 사람들의 기억 속에 남도록 로고를 만들어봅니다. 강의 수준을 어느 정도로 할지, 환불이 가능한지 여부도 미리 정해요.

아이가 돈 버는 방법, 무엇이 있을까?

중고품 활용	
헌책 모으기	이웃의 헌책을 수거하여 헌책방 사업자에 전달하기
빈 병 모으기	유리병 1개당 가격은 100원-350원, 빈 병 받아주는 곳 확인하기
중고마켓	중고마켓 앱을 이용해 중고품 거래, 부모님과 함께 활동하기
벼룩시장	이웃과 함께 벼룩시장을 열어서 집안의 필요 없는 물건들을 싸게 팔기, 판매할 상품을 SNS에 미리 소개하고 영업 시간을 명시하여 광고효과 높이기
분양	
식물 키우기	콩나물, 새싹 채소, 방울토마토, 버섯, 대파, 다육식물, 허브 등 집에서 쉽게 키울 수 있는 식물이나 실내재배기를 활용하여 키운 식물 판매하기

동물 키우기	장수풍뎅이, 사슴벌레, 물고기 등 집에서 키운 곤충이나 동물, 알이나 새끼를 판매하기
대여	
물품 대여 서비스	스포츠 장비, 게임 장비, 옷 등을 대여하고 사용료 받기, 사이트를 개설하거나 온라인으로 서비스를 광고하여 단기간 물품 대여 서비스를 이용할 고객 찾기
홈 메이드	
음식 만들기	수제 쿠키, 수제 머핀, 홈 메이드 주스 판매하기
공예품 만들기	털모자, 액세서리, 손뜨개, 비누, 양초, 방향제 등 공예품 만들어 팔기
농산물	주말농장이나 친척이 생산한 농작물을 판매
재능 활용	
동화구연	이웃이나 친척 동생에게 그림책 동화구연 서비스
튜터링 서비스	수학, 영어, 국어, 받아쓰기, 맞춤법 등 학습지도
IT강좌 개설	컴퓨터 활용방법, 코딩, 게임세계 설명 등 IT강좌를 개설하고 홍보하여 수강생 모집하기
예체능	드로잉 레슨, 악기 레슨, 줄넘기, 스포츠 기술, 수영, 연기 지도 등 아이가 재능을 보이는 예체능 분야를 발전시켜 수익화하기
디자인	포스터 디자인, 웹사이트 제작, 카드뉴스 제작, 앨범(포토북) 제작, 사진보정전문 기업을 세우고 디자인 의뢰받기

뷰티	출장 매니큐어 서비스, 행사용 페이스페인팅, 오가닉 목욕제품 개발, 어린이용 안전한 뷰티상품을 소개하는 유튜브나 블로그 운영하기
사진촬영	반려동물이나 가족 행사, 아이들, 자연물을 주제로 촬영을 의뢰받고 출장 서비스하기, 화려한 동영상 편집
스톡 사진 판매	스톡 사진 사이트에 직접 찍은 사진을 업로드하여 판매
이벤트 기획	생일 파티 이벤트 기획, 이벤트 대행, 음악 연주자 섭외, 마술사 섭외
콘텐츠 제작	1인 미디어 제작하기, 영상 크리에이터 되기, 나만의 콘텐츠를 기획하고 결과물 만들기, 유튜브나 블로그에 업로드하기, 블로그를 운영하여 광고비(애드포스트) 받기
리뷰	유튜브, 블로그, SNS에 어린이 제품 리뷰를 올리고, 업체로부터 최신 아이템을 무상 제공받기
프리랜서 작가	글쓰기 재능을 발전시켜 프리랜서 작가되기, 남의 사이트에 글 대신 써주기, 새로운 관점이나 젊은 감각을 찾는 업체로부터 의뢰를 받아 콘텐츠 작성하기
게임제작	간단한 코딩을 배워서 로블록스에 게임을 만들고 아이템 판매하기
실버사업	
디지털교육	어르신께 앱 사용법, 건강 앱 소개, 디지털기기 사용법, 유튜브 찾아드리기, 시사 들려드리기

대행	
정리와 조사	영수증 정리, 문서정리, 데이터 입력, 사진자료 정리, 설문조사 대행
청소 전문	음식물쓰레기 버리기, 창틀 닦기, 정리정돈, 분리수거 대행, 세차 대행
돌봄 전문	반려동물 사료주기/목욕시키기/산책시키기, 화분 관리하기, 동생 돌보기
심부름 서비스	정해진 요일, 정해진 시각에 심부름 서비스, 장보기 대행하고 배달하기, 세탁소 옷 수거하고 배달하기
광고 대행	디자인 앱을 활용하여 포스터 제작, 동네 가게의 인스타그램 피드 제작, 가게 메뉴판 디자인
포장 대행	상품 또는 선물 포장을 대행하고 배달하기
알림 서비스	학교, 도서관, 문화센터, 지역아카데미의 주요 공지 및 행사일정을 모아서 알려주는 서비스
중개	
수요자-공급자 연결	서비스가 필요한 고객과 서비스를 제공할 수 있는 판매자를 연결하고 중개수수료 받기

꿀 정보
스톡 사진이란?

　스톡 사진 사이트는 사진을 모아놓은 곳입니다. 사진이 필요한 소비자가 비용을 내고 사이트에서 사진을 구매합니다. 요즘은 휴대전화만 있으면 누구나 멋진 사진을 찍을 수 있는 시대이지요? 어린이 사진가가 되어 직접 찍은 사진을 판매해보세요. 대표적인 스톡 사진 사이트는 셔터스톡www.shutterstock.com, 어도비스톡www.stock.adobe.com, 빅스톡www.bigstockphoto.com 등이 있습니다. 해외사이트이지만 한국어가 지원되므로 불편함 없이 이용할 수 있어요. 다만 검색에 노출되기 위해서 제목이나 키워드를 영어로 작성해야 합니다. 사진 한 장에 0.25달러(약 3백 원)를 받고, 경력이 쌓이면서 좀 더 높은 가격을 받을 수 있습니다. 국내 스톡 사진 사이트로는 크라우드픽www.crowdpic.net이 있습니다. 해외에 비해 시장 규모가 크지는 않지만, 초보자라면 국내 사이트에서 먼저 도전해보세요.

2. 초기비용 세팅하기

사업을 새로 시작하려면 돈이 좀 들지요. 아이가 선택한 사업에 돈이 얼마나 들지 미리 계산해볼까요? 레모네이드를 팔아보겠다고 한다면, 일단 종이컵이 필요합니다. 테이블도 필요하고 표지판을 만들 재료도 필요하고, 레모네이드를 만들 재료도 미리 사야 합니다. 그에 비해 개 산책시키는 사업 같은 경우는 초기비용이 거의 없습니다. 개 목줄 외에는 튼튼한 두 다리만 있으면 되겠지요. 사업을 시작하기 전에 필요한 것들이 무엇이 있나 생각해보아요. 팔 상품에 재료가 드나요? 서비스를 제공할 때 필요한 물품이 있나요? 홍보지나 명함을 제작할 돈이 필요한가요? 홍보에 드는 비용이 있나요?

어린이에게는 자본이 많지 않지요. 그러면 초기비용을 어디서 충당할까요? 우선 부모님께 돈을 빌릴 수도 있고, 자기 용돈을 쓸 수도 있습니다. 다른 친구들 몇 명과 동업하기로 하고 친구들과 용돈을 합칠 수도 있습니다. 또 다른 선택지는 스폰서(후원자)를 찾는 것입니다. 스폰서는 보통 사업가, 선생님, 부모님, 자녀가 속한 공동체(학교, 마을공동체, 교육공동체, 부모 소모임, 공동육아 커뮤니티 등)에 있는 어른들입니다. 이런 분 중에서 어린이기업가의 아이디어를 좋아하고 순조롭게 진행되도록 도와주고 싶어 하는 어른들이 있을 거예요. 물론 부모님께서 미리 점검하고 허락하셔야 합니다.

3. 가격 정하기

사업을 시작하기도 전에 이미 초기비용을 좀 썼습니다. 이제 상품에 가격을 얼마로 붙일지 정해야 해요. 수제 석고 방향제를 만드는 데 드는 재료비가 2,000원이라면 1,000원에 팔아서는 안 됩니다. 판매할 제품에 드는 비용이 얼마인지 계산해보세요. 수제 방향제 20개를 만드는 데 드는 비용이 4만 원이라면, 40,000원 ÷ 20개 = 2,000원입니다. 이때 방향제 한 개의 가격을 2천 원으로 매기면 남는 게 없죠? 기업가는 합리적인 가격에 좋은 상품을 제공할 방법을 고민하는 동시에 자기 몫도 남겨야 합니다.

4. 장소 정하기

아이의 상품을 구매할 고객은 어디에 있을까요? 실버 사업을 한다면 양로원으로 가야 합니다. 착즙 주스를 판다면 사람들이 쉬어갈 만한 곳에 판매대를 세워야 합니다. 세차 서비스는 차들이 정차해 있는 곳에서 해야 합니다. 튜터링 서비스를 한다면 어디에서 가르칠지 정합니다. 디자인이나 컴퓨터 문서작업은 집에서도 할 수 있습니다.

아이가 인터넷을 자주 사용하나요? 이제부터는 여가를 용돈 버는 자원으로 쓰도록 해요. 컴퓨터로 게임만 할 것이 아니라 자기 정체성을 발견하고 생산적인 일을 하도록 이끌어주세요. 게임 세계 속에서도 생산자가 되어 아이템을 제작하고 판매하도록 해요. 블로그나 SNS 계정을 운영하며 자기 재능을 발전시켜 나가세요. 온라인에 커리어를 쌓아나가는 거예요. 물론 인터넷은 위험한 환경이 될 수 있습니다. 자녀의 안전이 위협받지 않도록 지켜봐주세요.

꿀 정보
중고 마켓을 활용해요

미국의 아이들은 이베이를 통해 중고물품을 자주 사고팝니다. 우리나라에도 중고물품을 거래하는 앱이 있어요. 이베이와 다른 점은, 이베이는 지역상점에서 상품을 사 와서 되팔 수 있지만 당근마켓은 중고거래만 가능하다는 점입니다. 중고거래 앱을 통해 안 쓰는 물건을 팔아보세요. 단 모든 거래는 부모님의 동의와 보호 아래 이루어져야 합니다. 아이에게 창고정리를 맡기고, 더는 쓰지 않는 물건을 부모님의 확인 후에 아이가 알아서 판매하도록 합니다.

꿀 정보

재능 마켓을 활용해요

크몽 www.kmong.com

탈잉 taling.me

숨고 www.soomgo.com

재능 마켓에서 재능을 돈으로 바꾸는 경험을 해보세요. 그림을 잘 그리는 아이는 일러스트 제의를 받을 수 있어요. 컴퓨터를 잘 다룬다면 IT 관련 일거리를 찾을 수 있어요. 특별한 경험이나 자기만의 노하우를 전자책으로 펴낼 수 있어요. 십 대의 참신한 관점으로 글을 대신 써주는 일을 시작해보세요. 재능 마켓에서 사업을 시작할 때의 장점은 초기비용이 없다는 점입니다. 아이에게 특별한 경험이 있거나, 키우고 싶은 재능이 있다면 그것을 콘텐츠로 만들고, 수익으로 만들어보세요. 재능과 용기만 있으면 누구나 시작할 수 있어요.

5. 기업 윤리 정하기

우리는 마스크 없는 세상을 얼마나 더 그리워하게 될까요? 모두가 건강하기 위해서 우리가 살아가는 방식을 바꿔야 합니다. 지구를 좀 더 살기 좋은 곳으로 만드는 노력이 필요한 때이지요. 그린 비즈니스는 지구를 해치지 않고 자연의 자원을 이용하는 것입니다. 주스를 팔 때 스티로폼 컵을 쓸까요, 종이컵을 쓸까요? 스티로폼은 수천 년 동안 사라지지 않지만, 종이는 재활용할 수 있죠. 레모네이드를 담을 컵을 종이로 하는 것만으로도 아이 사업을 환경친화적으로 만들 수 있어요. 판매대 옆에 작은 통을 놓으면, 손님들이 재활용을 실천할 수 있습니다. 재활용된 상품 이용하기, 쓰레기 재활용 통에 버리기, 물건 아껴 쓰기, 화학물질이 들어가지 않은 자연적 재료 쓰기 등으로 그린 비즈니스를 실천할 수 있어요. 그런데, 그린 비즈니스에 쓰이는 물건들에 비용이 많이 든다면 어떡할까요? 종이컵은 스티로폼 컵보다 비싸지요. 이럴 때, 다음 두 가지 선택지가 있어요.

1. 컵 비용을 충당하기 위해 주스의 가격을 올린다.
2. 조금 적은 수익을 낸다.

가격이 비싸면 사람들이 덜 사겠지요. 수익이 적으면 원하는 만큼 빨리 돈을 모을 수 없어요. 둘 다 별로 좋아 보이지는 않네요. 이런 딜레마는 아주 큰 회사에게도 매우 중요한 선택의 문제입니다. 무엇이 옳은 결정일까요?

이것은 윤리의 문제입니다. 기업 윤리란, 내 사업이 돈을 버는 것 이상의 일을 한다는 느낌이지요. 모든 성공적인 비즈니스는 수익을 내는 것 그 이상의 일을 합니다. 어떤 기업이 자기 수익만을 위해서 돈을 벌지 않고, 좀 더 많은 것에 관심을 가진다는 걸 사람들이 알게 되면 그 제품을 더 많이 이용합니다. 그래서 대기업은 어떤 결정이 자신의 기업 윤리에 맞는지 늘 점검하지요. 아이가 환경보호에 관한 기업 윤리를 갖고 있나요? 어떡하면 멋진 기업 윤리를 알릴 수 있을까요? 자녀의 SNS, 블로그, 광고 포스터나 전단에 이런 설명을 덧붙여보세요.

"환경을 생각합니다."
"지구를 위해 앞장섭니다."
"친환경을 실천하는 기업"

아이가 구상한 사업에는 아이의 생각이 들어 있습니다. 지구에 좋은 일을 하는 기업가가 되라고 격려해보아요. 아이가 가진 생각을 세상에 표현하게 도와주세요. 내 아이가 가진 참신한 생각이 세상에 어떤 도움을 줄지는 아무도 모릅니다.

6. 홍보하기

맥도날드에 적힌 글자 M은 눈에 확 띄는 홍보 효과로 유명한 로고이지요. 고객을 끌어오려면 먼저 주의를 끌어야 합니다. 눈에 띄는 색깔과 이름으로 아이 사업을 상징하는 이미지를 만들어보아요. 디자인 웹사이트를 이용해 나만의 로고를 만드는 거예요. 공식적인 이름과 로고는 아이의 사업을 훨씬 진지해 보이도록 만듭니다. 전문적인 서비스를 제공한다는 인상도 주지요. 진짜 비즈니스를 하는 것처럼 창의적이고 크게 생각해보는 겁니다.

어린이 기업가의 사업을 홍보하는 대표적인 방법은 홍보 전단과 명함을 만드는 것입니다. 집집마다 마트 홍보지가 붙어있지요? 늘 보던 홍보지 대신 아이가 직접 만든 전단을 보면, 사람들의 관심이 생길 수밖에 없습니다. 학교나 동네에서 열리는 행사가 있나요? 행사를 돕는 대가로 광고 포스터를 붙여도 될지 물어보세요. 내 브랜드가 그려진 티셔츠를 제작해서 입어보세요. 사람들이 모이는 곳에 가서 명함을 돌려보세요. 전단, 포스터, 표지판, 명함, 티셔츠 제작에 비용이 들어가니, 미리 초기 비용에 광고비도 포함시킵니다.

돈을 전혀 들이지 않고도 손님을 많이 끌어모으는 홍보법이 있습니다. 바로 입소문이죠. 옆집 동생에게 받아쓰기를 가르쳐주는 아이가 책임감 있게 일을 잘하면, 옆집 엄마가 소문을 내줍니다. 얼마나 세심하게 잘 챙겨주는지 주변 사람들에게 칭찬하지요. 소문과 광고 중에 무엇이 더 효과적일까요? 사람들은 대개 주위 사람들의 말에 더 귀를 기울입니다. 돈을 들인 광고보다 더 효과적이라니, 사업은 입소문을 타야 성공하겠다 싶습니다. 맨 처음 옆집 아이를 잘 봐준 덕분에 곧 수많은 고객을 만나게 될 거예요. 밀려드는 주문을 다 소화하지 못하면 믿음직한 친구를 소개해주고 소개비를 받습니다. 서비스에 만족한 고객에게는 소문을 내달라고 부탁합니다. 친구를 데려오면 할인도 해줍니다.

유념할 점이 있는데, 입소문은 양쪽으로 작용한다는 점이에요. 일을 잘하면 새로운 고객이 생겨나지만, 일을 못하면 사업이 타격을 입습니다. 만약 정해진 시간에 나타나지 않는다면, 사업의 신뢰도가 떨어지겠죠. 고객이 아이를 믿지 못하게 되어 새로운 손님을 받기가 어려워집니다. 소문을 활용하는 제일 좋은 방법은 매번 일을 잘해내는 것입니다. 약속을 지키면서 신뢰를 쌓고, 내가 받고 싶은 대로 남에게 하도록 지도하세요.

3단계: 수익 실현

사업에서 얻은 이익을 추적·관리하려면 따로 은행 계좌를 만들어야 해요. 수입내역과 지출내역을 확인하고 얼마나 이윤을 내고 있는지 확인합니다. 실버 디지털 교육 사업과 어린이 뷰티 상품 스토어의 예산안을 예로 볼까요? 이윤이 너무 적게 발생하지 않았는지 살펴보고 보완해나갑니다. 사업의 핵심은 이윤이기 때문입니다.

〈실버 디지털 교육〉
- 사업내역 : 옆 아파트 경로당에서 오프라인 강좌 〈디지털 문맹 해결사〉를 열기로 함.
- 강의내용 : 메시지 앱 활용법, 영상 회의 활용법, 스마트뱅킹, 회원가입, 배달음식 주문, 온라인 쇼핑, 건강 앱 소개, 시사 앱 소개, 유튜브 활용법, 포털사이트 검색하는 법 등

지출		수입		이윤
왕복 차비	16,000원	주당 일의 횟수	2	총수입액 - 총지출액 = **96,000원**
점심 식사비	48,000원			
강의자료 제작비용	80,000원	회당 일한 시간	2	
		시간당 비용	15,000원	
		1주간 총수입	60,000원	
월간 총지출	144,000원	월간 총수입	240,000원	

〈어린이 뷰티 상품 스마트스토어〉

- 사업내역 : 해외직구를 통해 안전한 어린이 뷰티 상품을 구매하고, 국내 스마트스토어에 재판매하기로 함.

지출		수입			
아이템 구입비	110,000원	아이템	헤어 액세서리	키즈 네일	립밤
스마트 스토어 수수료	8,500원 (약 5%로 가정)	가격	9,800원	6,500원	5,000원
		월 판매량	11	5	6
		월 수입	107,800원	32,500원	30,000원
월간 총지출	118,500원	월간 총수입	170,300원		
이윤		총수입액 – 총지출액 = 51,800원			

4단계: 사업자 등록

청소년 사업자 등록은 나이에 상관없이 가능해요. 사업

을 시작한 날부터 20일 이내에 사업자 등록 신청서를 관할 세무서에 제출합니다. 부모님의 동의서, 납세관리인 설정신고서, 사업자 등록 신청서, 임대차 계약서 사본, 본인 도장 등을 지참해야 합니다. 서류가 복잡하니 부모님께서 도와주셔야 합니다. 수익이 발생하면 종합소득세, 부가가치세를 내야 합니다.

사업으로 창출한 수익 중의 일부는 마케팅과 더 좋은 장비에 투자합니다. 투자는 사업이 성장할 수 있는 최고의 방법이지요. 사업을 시작하기 전에 가족이나 가까운 친척에게 먼저 보여주고, 평가를 받아봅니다. 그리고 주변의 이웃을 대상으로 서비스를 시작해보세요. 시작은 보잘것없더라도 일단 해보는 게 중요합니다. 비교적 공부가 급하지 않은 초등학교 때와 중학교 1학년 자유학기제를 이용하여 돈 벌어보는 경험을 해보세요. 소비자로 머물지 않고 생산자의 길을 걸어본 경험은 진로를 설정할 때도 큰 도움이 됩니다. 청소년이 되어서 자기만의 사업 아이템을 창출해낼 수 있다면 완벽하겠지요. 아이가 중간에 포기하지 않고 끝까지 해낼 수 있도록 열렬히 응원해주세요.

온라인 키즈 브랜딩

퍼스널 브랜딩은 어른들만 할 수 있는 걸까요? 어린이가 사업을 할 수 있다면 브랜딩도 할 수 있습니다. 키즈 브랜딩은 자기를 발견하는 과정입니다. SNS와 블로그에 자료를 축적하면서 나만의 강점, 내가 잘할 수 있는 일을 더 확실하게 알 수 있습니다. 스스로를 잘 알면 진로를 정하기도 한결 편합니다. 어떤 일이 나에게 잘 맞는지, 무슨 사업을 하면 좋을지도 점차 확실해집니다. 나도 즐겁고, 남에게도 도움 되는 일이 무엇인지 탐색해보세요. 아이가 즐겁게 일하면서 돈도 버는 법을 찾으면, 바로 행복한 부자에 가까워진 것입니다. 오늘날 온라인 환경이 일상이 되었기 때문에 온라인에서 미리 입지를 굳히는 것은 자녀의 미래를 대비하는 방법이기도 합니다.

SNS

자녀의 소셜 네트워크 계정을 열어보세요. 인스타그램, 페이스북 같은 SNS는 수많은 잠재고객을 만날 수 있는 공간입니다. 무료 사진 사이트에서 이미지를 찾아서 멋진 문구와 함께 게시해보세요. 부모님의 계정에 자녀 비즈니스에 관한 문구를 올려보세요. 어떻게 하면 창의적으로 상품을 홍보할지 함께 고민합니다. 다른 사람의 인스타그램을 구경하며 피드가 어떻게 구성되어 있는지 살펴보세요. SNS를 활용해 자녀가 직접 여러 가지 광고 테크닉을 실험해볼 수도 있어요. 관심을 모으는 이미지와 시선을 끌어당기는 문구를 생각해보세요. 아이가 SNS를 이용할 때 주의할 점은, 외부로부터 오는 무분별한 메시지를 통제할 수 있어야 한다는 것입니다. 부모님과 함께 있을 때만 SNS를 이용하거나 PC로만 접속이 가능하게 하는 등 이용규칙을 정합니다.

블로그

자녀의 블로그를 만들어보세요. 블로그는 소비자에서 생산자로 변신할 수 있는 가장 빠른 창구입니다. 블로그에 글을 쓰면서 콘텐츠 생산자가 되어보세요. 블로그에 자신이 잘하는 일들을 꾸준히 기록하세요. 게임에 관련된 포스팅을 꾸준히 하면서 수익을 만들어내는 사례가 이미 많습니다. 자기 작품이나 직접 찍은 사진을 블로그에 지속해서 게시하면서 일러스트 제의도 받을 수 있지요. 블로그 프로필에 직접 제작한 로고를 넣고, 블로그를 적극적으로 홍보하세요. 학교

홈페이지 소식란 또는 학교 신문에 블로그 주소를 넣어 달라고 요청해보세요. 고객의 문의를 받을 수 있게 이메일 주소도 남겨놓습니다. 개인 정보를 올릴 때는 부모님이 한 번 더 확인해주세요. 온라인 계정에 휴대전화 번호나 집 전화번호, 집 주소는 적지 말고 이메일 주소만 올립니다.

홈페이지

우리 아이만의 작은 홈페이지를 만들어보세요. 무료로 홈페이지를 만들 수 있는 사이트를 이용하면 어렵지 않습니다. 처음부터 모든 것이 화려할 수는 없겠지요. 기본 양식에 알리고 싶은 내용을 적고, 주변 지인들에게 홈페이지 링크를 보내세요. 고객을 만날 기회를 찾아서 한 건이라도 수행해보세요.

꿀 정보
무료 홈페이지 만들기

네이버 모두홈페이지
Wix.com
Weebly.com

개인정보 보호

인터넷을 통해 만난 고객과 일을 시작하기 전에는 반드시 부모님과 상의를 해야 합니다. 온라인 환경은 아이의 브랜드를 홍보하는 좋은 수단이지만 예기치 못한 상황이 발생할 수도 있으니까요. SNS에 로그인하기 전에 아이에게 이런 질문을 해보세요.

"페이스북, 인스타그램, 유튜브가 공짜인 이유가 뭘까?"

소셜 미디어 서비스를 만든 회사에서는 효과적인 의사소통의 창구를 무료로 제공하면서 대신 사람들에게 받아 가는 것이 있습니다. 바로 우리의 데이터입니다. 인기 있는 서비스가 무료인 이유는 기업에서 데이터 마이닝^{data mining}을 활용하기 때문입니다. '데이터 마이닝'이란 모든 데이터를 기반으로 경향성을 발견하는 작업입니다. 기업에서는 사람들의 데이터를 가지고 각자의 비즈니스에 유용한 정보로 활용합니다. 일일 거래 데이터, 고객 데이터, 상품 데이터, 각종 마케팅 활동에 대한 고객들의 반응 데이터 등 SNS에서 수집하는 데이터의 양은 어마어마합니다. 이런 데이터를 기반으로 감춰진 지식, 예상치 못했던 경향성, 새로운 규칙을 발견하고 미래의 비즈니스에 이용하려는 것입니다.

개인정보가 자산이라는 생각을 해보셨나요? 한편에서는 기업이 내 정보를 데이터로 사용하는 대가를 받아야 한다는 주장도 있습니다. 데이터는 활용도가 무궁무진하니까요. 소셜 미디어를 이용하는 대가로 기본정보를 넘겨주는 것은 어쩔 수 없더라도, 굳이 상세 정보를 전달할 필요는 없습니다. 어딜 가나 휴대전화 위치 정보가 켜진 상태로 다니는 것은 아닌가요? 자녀의 인스타그램 게시물에 위치 정보 태그가 지정된 것이 있나요? 공용 Wi-Fi를 사용한 후에 로그아웃을 꼭 하나요? 중요한 개인정보는 보호해야 한다는 점을 아이에게 알려주세요.

3

어린이 투자자가 되어보아요

어린이가 투자해야 하는 이유

우리는 자본주의 속에서 늘 경제활동을 하며 삽니다. 그래서 아이들은 생활 속에서 자연스럽게 경제를 터득하게 되죠. 부모로부터 배울 때 가장 빠르고 안전하며 효과적으로 배울 수 있는 것이 돈입니다. 자녀에게 돈 버는 방법에는 어떤 게 있는지 물어본 적 있으신가요? 자본주의 사회에서 돈을 버는 방법은 세 가지입니다. 근로소득, 사업소득, 자본소득이 그것이지요. 근로소득은 노동력을 제공하고 돈 버는 방법, 사업소득은 사업으로 돈 버는 방법, 자본소득은 자본의 힘으로 돈 버는 방법입니다. 대부분의 사람들은 노동으로 돈을 버는 일부터 시작하지요. 처음에는 대부분 근로소득을 얻지만 점차 사업소득과 자본소득에 관한 전략을 수립해야 부자가 될 수 있습니다. 주식투자는 세 가지 방법 중 자본소득을 얻는 방법입니다.

아이에게 투자를 가르쳐야 하는 이유는 명확합니다. 투자만이 물가 상승을 대비해주기 때문이지요. 시간이 지나면 물가는 오르기 마련입니다. 지난 30년간 연간 평균 물가 상승률은 약 3%였어요. 10대 자녀가 40대가 되었을 때 모든 자산 가격이 약 두 배가 됩니다. 돈을 벌려면 3% 이상의 수익률을 내야 합니다. 투자전문가들은 평균 5~12%의 연수익률을 올려야 한다고 이야기합니다. 현재의 예금 이자로는 내기 어려운 수익률이지요. 은행 이자가 인플레이션과 비슷하다면, 은행에 저금한 내 돈은 불어나지 않은 셈입니다. 인플레이션에 제대로 대비하려면 투자를 해야 합니다. 그중의 하나가 주식이지요. 주식시장은 지난 25여년 동안 연평균 9~10%가량의 이익률을 보였습니다. 장기적 성과를 보면 왜 주식투자를 시작해야 하는지 알 수 있습니다.

1986년부터 2017년까지 30년간의 코스피 지수와 아파

출처 : 삼성자산운용 투자리서치센터

트 매매가격 지수를 비교한 그래프입니다. 단순히 가격만 비교해보면, 30년 동안 코스피는 15배 이상 성장했고 서울 강남 아파트는 6배 성장했어요. 그런데 주식은 배당수익이 있고, 부동산은 전세자금 이자수익이 있으므로 총수익을 기준으로 비교해보겠습니다.

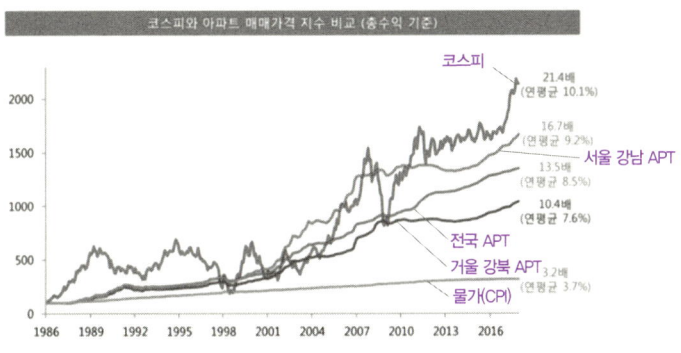

출처 : 삼성자산운용 투자리서치센터

코스피와 서울 강남 아파트의 수익률 차이가 매우 좁아졌지요? 주식투자의 수익률은 강남 아파트보다 연평균 1% 높고, 전국 아파트보다 연평균 2% 높습니다. 이 그래프는 부동산보다 주식의 장기수익률이 더 높다는 걸 보여줍니다. 그러나 우리나라 사람들은 부동산을 선호하지요. 주요 선진국과 비교해봐도 안전자산에 많은 비중을 두고 있다는 것을 알 수 있습니다.

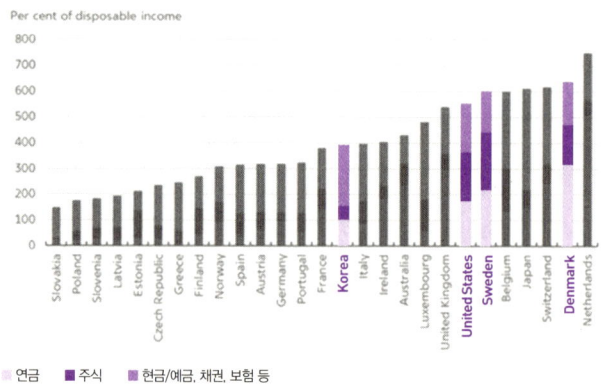

출처 : 2016년 OECD

우리나라는 미국, 스웨덴, 덴마크보다 연금에 돈을 적게 넣고 주식 지분이 적습니다. 노후 준비를 위한 연금이나 돈을 불릴 수 있는 주식 투자보다는 현금·예금·채권·펀드와 같은 비교적 안전한 금융자산을 많이 갖고 있습니다.

그도 그럴 것이, 우리 주변에는 주식 투자에 실패한 사례가 많아요. 주식 투자에서는 마켓 타이밍, 종목 선택, 테마주 투자, 잦은 매매와 같은 행동이 투자 수익률을 낮춰버립니다. 손해를 보고 시장을 떠나는 많은 사람들이 주식 투자를 좋게 평가하지 않지요. 그에 비해 부동산은 큰 비용이 드는 만큼 구매 전에 꼼꼼히 살핍니다. 부동산은 변동성이 낮기도 하고, 매매가 쉽지 않아서 오랫동안 갖고 있게 되지요. 자연스레 장기 투자가 되고 그에 따른 이익을 얻는 사람이 늘어나자 부동산 투자를 선호하는 사람도 많아졌습니다.

최근에는 아파트 투자의 수익률이 매우 높아서 주식과 큰 차이가 없습니다. 그렇지만 아이들에게 투자를 경험해보게 하려고 아파트 계약을 하게 할 순 없는 노릇이지요. 소액으로도 투자 마인드를 가르치고, 복리효과를 체험해보면서 경제교육을 할 수 있는 방법이 바로 주식투자입니다.

생활 속에서 사람들의 관심사를 관찰했다가, 돈을 잘 벌 것 같은 회사의 주식을 삽니다. 아이는 투자 경험을 통해 돈이 어디로 흐르고 있는가를 파악합니다.

"그런데, 혹시 비교육적인 효과가 나타나면 어쩌죠?"
"투자가 아니라 투기를 배우게 될까봐 걱정됩니다."

막상 아이에게 주식을 가르치려니, 주저하게 되는 것이 부모님 마음이지요. 변동성이 심한 자산을 사주어서 오히려 돈을 쉽게 대하는 태도가 길러지는 것은 아닐까요? 아이가 금전적인 손해를 보거나, 투자에 실패를 겪어도 괜찮을까요?

우리가 왜 주식 투자에 실패하는지 생각해볼까요? 첫 번째는 남의 말을 들어서입니다. 스스로 공부하지 않고 남의 의견에 의존하면 투자가 쉬워집니다. 쉬운 길을 택하면 내가 투자하는 회사를 제대로 이해하지 못하지요. 주가변동에 따라 내 마음도 요동칩니다.

두 번째는 마켓 타이밍을 알아맞히려 하기 때문입니다. 꼭짓점이라고 생각하고 팔았는데 다음날도 그다음 날도 오르는 것을 보고 잠 못 들지요. 저점이라고 생각해서 샀는데 내가 사면 꼭 떨어집니다. 싸게 사는 것도 좋지만, 믿음이 가는 회사라면 타이밍에 상관없이 투자하고 기다려야 합니다. 투자의 대가들은 주식을 기다림의 철학이라고 합니다. 상승과 하락을 예측하는 것이 아니라, 내가 선택한 회사의 가치가 제대로 평가받을 때까지 기다려주는 것이지요.

세 번째는 단기적인 투자성향입니다. 매일 화면을 쳐다보고 팔까 말까를 수십 번 고민하는 것은 투자가 아닙니다. 많은 사람들이 너무 짧게 생각하고 금방 팔아버리지요. 성공한 투자자에 따르면, 금융전문가가 따로 있는 게 아니라고 합니다. 전문가는 과거의 데이터를 가지고 현재의 흐름을 설명할 수 있는 사람이지, 언제 사야 하고 언제 팔아야 하는지를 아는 사람이 아닙니다. 오랜 기간 지켜볼 인내가 있는 사람만이 투자가입니다.

아이에게는 실패할 요인을 안 가르치면 됩니다. 스스로 기업공부를 하고 타이밍에 상관없이 선택한 회사를 기다려주면서 인내심 있는 투자를 하도록 이끌면 됩니다. 주식시장은 날씨와도 같습니다. 어떤 때는 해일이 오고 어떤 때는 폭풍도 오지만, 결국에는 열매를 맺지요. 투자는 훈련이고 철학입니다. 현명한 투자자는 결국 오른다는 사실을 알고 있습니다.

단리와 복리의 차이

다음의 선택지를 아이에게 보여주세요. 둘 중 하나를 선택해보라고 합니다. 우리 아이는 어느 쪽에 더 끌릴까요?

　A. 지금 당장 10억을 받는다.
　B. 처음에는 10원을 받고 한 달 동안 매일 2배씩 늘어난다.

복리의 힘을 안다면, B를 골라야 합니다. 첫날 10원을 받고 둘째 날 20원, 셋째 날 40원을 받겠지요? 미미해 보이지만 매일 두 배씩 한 달간 커지면 총금액은 53억 6,870만 원(5,368,709,120원)입니다. A보다 훨씬 많은 금액이지요.

단리는 오로지 원금에 대해서만 이율을 적용하여 이자를 계산합니다. 이때 이자는 원금에 합산되지 않으므로 이자에 대한 이자가 없지요. 복리란, 중복된다는 뜻의 한자어 복復과 이자를 의미하는 리利가 합쳐진 단어입니다. 말 그대로 이자에 이자가 붙는다는 뜻이지요. 복리는 원금과 이자가 재투자되어 새로운 이자를 만들어냅니다.

원금 100만 원을 넣어둔 계좌의 연 이자율이 10%라고 해볼까요? 이 계좌에 더는 돈을 입금하지 않습니다. 단리 연 10% 이자율이라면, 첫해에 10만 원을 이자로 벌고 둘째 해, 셋째 해에도 10만 원을 이자로 벌어요. 50년이 지나면 이 계좌에 든 돈은 600만 원이 됩니다. 이자만으로 총 500만 원을 벌었으니, 꽤 좋은 결과이지요.

같은 계좌에 복리를 적용하면 어떨까요? 똑같이 원금을 100만 원 넣고 더는 입금하지 않습니다. 첫해에는 단리와 똑같이 10만 원을 이자로 벌어요. 둘째 해에는 원금 100만 원과 첫해 이자 10만 원을 합한 새로운 금액인 110만 원을 기준으로 10% 이자가 붙습니다. 그래서 둘째 해의 이자는 11만 원입니다. 110만 원에 11만 원이 또 더해져 새로운 원금 121만 원이 탄생합니다. 셋째 해에는 121만 원의 10% 이자로 12만 천 원을 벌어요. 이제 새로운 원금이 1,331,000원이 되고, 지금까지 이자로 벌어들인 금액은 331,000원입니다. 3년까지 지켜보았을 때 단리와 복리 이자 수익의 차이가 31,000원밖에 안 됩니다. 이렇게 50년이 흐르면 어떨까요?

복리가 적용된 계좌에 든 돈은 총 1억 1,739만 원이 넘습니다. 이자로 벌어들인 금액만 무려 1억 1,639만 원입니다. 단리와 복리의 조건은 같았고 복리는 이자에 이자가 붙은 것뿐이에요. 처음에는 차이가 미미하지만, 시간이 지날수록 급격하게 벌어집니다. 복리는 돈이 돈을 버는 원리입니다.

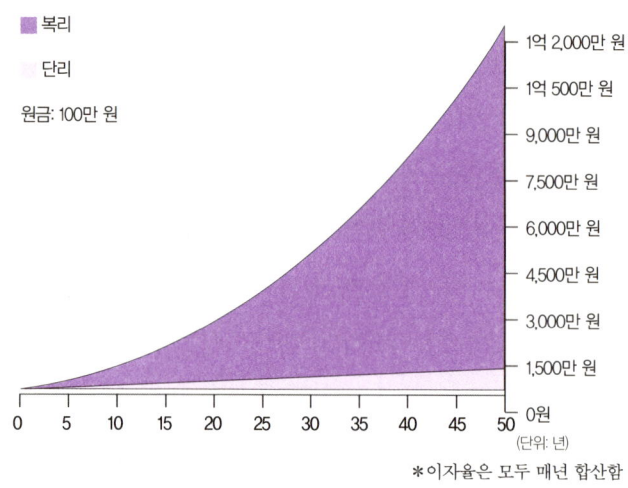

아이에게도 복리를 가르쳐보세요. 첫째 날에 아이에게 100원을 줍니다. "이제부터 이 동전이 매일 원래 있던 동전만큼 늘어날 거야." 이튿날, 100원에 100원이 더해져 200원이 됩니다. 셋째 날, 200원에 200원이 더해져 400원이 됩니다. 이렇게 일주일 동안 주면, 아이에게 얼마의 돈이 생길까요?

복리 가르치기

1일째

2일째

3일째

4일째

처음 돈은 100원이었지만, 일주일 후에는 12,800원이 생깁니다. 처음 원금 100원을 뺀 12,700원은 모두 이자 수익입니다. 아이가 다섯 살이더라도 100원을 주면서 말해보세요.

"이 돈을 쓰지 않고 갖고 있으면, 내일 이 돈만큼 같은 양의 돈이 생길 거야."

투명한 병에 매일 동전을 넣어주면 돈이 불어나는 것을 알 수 있습니다. 인생의 가장 중요한 가르침을 얻는 순간이지요.

내 돈이 2배가 되는 데 걸리는 시간

아이가 가진 돈이 2배가 되려면 몇 년이 걸릴까요? 빠르게 알아내는 방법이 72의 법칙입니다. 72를 고정된 연 이자율로 나누면 필요한 기간이 나옵니다. 단, 조건은 복리입니다. 72의 법칙으로 계산하면 내 돈이 두 배가 되는 해가 언제인지 알 수 있습니다. 정확하진 않아도 6~10% 사이의 금리에서는 제법 근사치를 냅니다. 예를 들어 내가 가진 돈을 연 8%의 이자율로 투자한다면, 원금이 두 배가 되는 데 대략 9년이 걸립니다(72 ÷ 8 = 9).

반대로, 원하는 시간은 알지만 이자율은 알지 못할 때에도 이 규칙을 사용해보세요. 72를 이자율이 아닌 시간으로 나눕니다. 6년 안에 두 배로 돈을 벌고 싶다면, 대략 12%의 수익률을 내야 합니다(72 ÷ 6 = 12). 12%의 수익률을 올리고 원금을 2배로 불리는 것이 쉽지는 않지만, 불가능한 일도 아니지요. 일례로 대표적인 언택트 업종인 게임주를 담고 있는 국내 ETF의 2021년 수익률이 12%를 웃돌았습니다.

돈을 두 배로 늘릴 때 : 시간 × 이자 = 72

자녀의 투자 저금통에 돈이 좀 모였다면 어린이 펀드에 들거나 주식계좌를 개설하겠지요. 예상되는 수익률로 이 돈이 두 배가 되는 날이 언제일까요? 몇 년 후에 두 배의 돈을 갖고 싶은가요? 목표 날짜에 두 배가 되는 돈을 만들기 위해서 연간 몇 %의 수익률을 올려야 하는지 계산해보세요. 투자하고 싶은 종목이 기대 수익률을 달성하기 충분한가요? 수익은커녕 손실을 볼 위험성은 없을까요? 목표 날짜를 좀더 미뤄야 할까요? 더 나은 투자 대안은 없을까요? 아이와 대화를 나누어보세요.

최대한 일찍 시작해야 하는 이유

서로 다른 시기에 투자를 시작한 두 사람을 살펴볼까요? A 투자자는 19세 때부터 한 달에 16만 원~17만 원을 모아 매년 200만 원씩 투자했는데, 27세부터는 더 입금하지 않고 그대로 두었습니다. B 투자자는 27살부터 시작하여 60세에 이르기까지 똑같이 매년 200만 원씩 투자를 계속했습니다. 수익률은 동일하게 8%입니다. 두 사람 중 시간과 돈을

A투자자	투자금 2,500만 원		최종수익 3억
B투자자		투자금 6,600만 원	최종수익 3억
	↑19살	↑27살	↑60살

적게 투자하고 3억을 번 사람은 어느 쪽인가요?

A 투자자는 9년간 2,500만 원을 투자했고 B 투자자는 33년간 6,600만 원을 투자했습니다. 결과는 똑같이 3억입니다. B 투자자의 투자 기간이 A 투자자보다 3배 이상 많고, 투자금은 2배 이상 많았지만 60세가 되어서 손에 쥔 돈은 같습니다. A 투자자가 시간과 돈을 아낀 비결은 무엇일까요? B 투자자보다 8년 일찍 투자를 시작했다는 것뿐입니다.

복리의 마법 같은 효과를 알고 있는 사람은 많지 않습니다. 2015년 미국에서 실시된 한 연구에 따르면 대부분의 사람은 복리가 어떻게 작용하는지 이해하지 못합니다. 한국인은 잘 이해하고 있을까요? 한국인의 금융이해력은 OECD 평균보다 낮고, 노후준비가 충분히 되어있는 인구는 단 16%라고 합니다. 시간과 돈을 적게 들이고도 더 많은 돈을 벌 수 있는 비결은 복리입니다. 복리의 힘을 잘 이용하려면 최대한 어린 나이에 저축을 시작해야 하지요. '빠르면 빠를수록 좋다'라는 말은 경제교육의 격언입니다. 투자자가 젊으면 젊을수록 더 좋죠. 아이들에게 가르쳐야 할 가장 중요한 개념은 바로 복리라고 말하는 이유가 이것입니다.

성공한 자녀의 부모는 양육 스타일에 몇 가지 공통점이 있어요. 그중의 하나가 바로 어린 나이에 돈의 가치를 가르치는 것입니다. 부모가 자녀를 위해 대신해줄 수 있는 일은 많지만, 결국 우리 아이는 자신의 경제생활을 스스로 관리할 수 있어야 합니다. 미리 무엇을 해야 하고 무엇을 하지 말아야 하는지, 이용 가능한 자원은 무엇인지 확실히 교육받아야 하지요. 우리 세대는 어릴 때 투자를 해볼 여유가 없었습니다. 그러나 우리 아이들은 달라야 합니다. 어린 나이부터 직접 투자를 해봐야 합니다.

꿀 정보
자녀 주식계좌 개설하기

자녀의 주식계좌를 개설할 때는 비대면이 불가능합니다. 증권사, 은행 지점마다 차이가 있을 수 있으니 방문할 기관에 미리 구비 서류를 확인하신 후 방문하세요.

자녀 주식계좌 개설 준비물은?	
정부24 또는 주민센터에서!	가족관계증명서, 자녀 기준 기본증명서
보호자는?	방문하는 보호자의 신분증
도장은?	미성년자는 서명으로 거래 불가 자녀의 도장 준비

어린이 투자의 첫걸음

방울토마토를 길러본 적 있나요? 씨앗에 싹이 터서 꽃이 피고 열매가 달리고 빨갛게 익기까지는 시간이 걸리죠. 식물에 물과 햇빛을 주어서 수확을 얻는 과정이 투자와 비슷합니다. 처음 투자를 배울 때는 은행 예금에 저축하는 것에서 시작합니다. 예금 이자는 돈을 건드리지 않고 돈을 번다는 단순한 개념을 가르쳐주지요. 투자한 후에는 기다려야 좋은 결실을 얻게 됩니다. '투자 – 기다림 – 수익'이라는 공식을 이해해야 합니다.

투자를 먼저 하라

많은 사람이 알면서도 실천하지 못하는 것이 하나 있습니다. 바로 투자를 먼저 하는 것이지요. 월말에 남는 돈을 투자한다면, 1원도 투자하지 못합니다. 반대로 월급을 받은 즉시 투자를 먼저 하면 매달 투자할 돈이 생겨납니다. 일단 투자를 하고 나면, 어떻게든 세금도 내고 휴대전화 청구금액도 내는 게 사람입니다. 아무리 돈이 없다고 말해도 맥주 사먹을 돈은 찾아내는 것과 같죠. 돈이 생기면 재빨리 그 돈에 '투자금'이라고 이름을 붙이세요. 투자의 제1원칙은 '소비 전에 투자하라'입니다. 다른 모든 것들에 앞서 내 미래를 위한 돈을 먼저 마련해야 합니다.

주식과 처음 만나기

디즈니에서는 미키마우스를 만들어 팔고, 맥도날드 햄버거에는 코카콜라를 함께 먹곤 합니다. 아이가 즐겨 먹는 과자는 롯데, 오리온, 해태, 크라운 등 어떤 제과회사에서 만들고 있나요? 아이가 좋아하는 물건이 어떤 기업에서 만든 제품인지 찾아보는 것부터 시작해보아요. 초등 3~4학년쯤이면 기본적인 투자 개념을 얼마든지 이해할 수 있습니다. 주식에 대해서도 얽힌 역사와 함께 알려주세요.

최초의 주식회사는 17세기에 설립된 인류 역사상 가장 큰 회사였던 네덜란드 동인도회사입니다. 네덜란드 동인도회사는 영국 동인도회사의 설립에 자극받은 상인들이 설립한 회사예요. 이 시기에 유럽에서는 여러 회사들이 동남아시아 무역에 앞다투어 뛰어들었지요. 네덜란드 정부는 영국이 동남아시아 무역에 뛰어드는 것을 보고, 역시 대규모로 무역 선단을 꾸리려고 했어요. 하지만 의회와 상인들의 재정으로는 무리가 있었죠. 고민 끝에 부자들과 국민들의 투자를 받기로 했습니다. 투자금을 한데 모으고, 돈에 대한 소유권을 나타내는 종이 증서를 만들었죠. 주주들로부터 투자를 받고, 회사의 이익을 배당한다는 주식회사 개념이 이때 처음으로 등장했어요. 투자한 시민들에게 투자한 만큼의 소유권을 증명하는 권리증서가 바로 주식증서입니다. 오늘날에는 권리증서가 사라졌지만, 주식은 여전히 회사의 일부를 소유하는 방법입니다. 제품을 만들기 위해서 돈이 필요하고, 돈을 모으기 위해 회사에서는 주식을 발행하지요.

주식을 산다는 것은 그 회사에 투자한다는 의미이고, 그 회사 일부를 가진다는 뜻입니다. 주식 1주당 그 회사의 특정 비율만큼 가치가 있습니다. 한 회사가 총 주식 100주를 보유하고 있다면 주식 1주는 회사의 1%를 나타냅니다. 자녀가 10주를 소유하고 있다면 회사의 10%를 소유한 것입니다. 회사는 주식을 팔아서 돈을 모으고, 그 돈으로 재료를 사거나 신제품을 만들거나 새 공장을 짓거나 직원들에게 월급을 줍니다. 대기업에는 수십억 개의 주식이 있겠지요. 사람들은 주식 시장이라는 장소를 통해 주식을 사고팝니다.

사람들이 주식을 사는 이유는 돈을 벌 수 있기 때문입니다. 저축 계좌에 돈을 넣으면 이자가 붙는 것과 같지만, 회사의 주식을 사면 예금보다 더 많은 돈을 벌 수 있습니다. 회사가 잘하면 주식 가격이 오르고 주식을 소유한 사람들이 돈을 법니다. 회사가 잘 못 하면 주식을 소유한 사람들이 손해를 봅니다. 투자할 곳은 다양하지만, 그중에서도 주식을 사는 이유는 무엇일까요? 사고파는 방법이 쉽고, 다른 투자 상품들보다 장기적으로 더 좋은 성과를 거두었기 때문입니다. 어떤 기업들은 주식 배당금을 줍니다. '배당금'이란 이익금 일부를 투자자에게 돌려주는 것을 말합니다. 주가의 일정 비율로 산정하며, 1주당 지급하기 때문에 보유한 주식의 수가 많을수록 더 많이 받을 수 있습니다.

어린이 투자는 스스로, 꾸준히

두 가지 경우를 볼까요? 똑같이 저축 기간은 50년, 수익률은 평균 8%인 주식계좌입니다. 민지라는 학생은 부모님이 주식에 500만 원을 넣어주었어요. 민지는 이 계좌에 전혀 관심이 없었습니다. 서우는 부모님이 돈을 입금해주지 않았지만, 스스로 돈을 벌어 매월 8만 원씩 넣었지요. 매월 8만 원은 1년에 96만 원, 즉 연간 100만 원이 안 되는 금액입니다. 50년 후, 민지와 서우 중에 누가 더 수익이 높을까요?

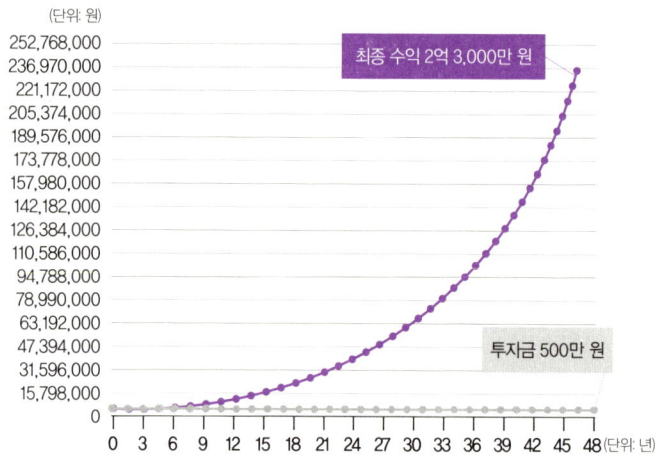

<민지> 부모님이 대신 넣어준 500만 원 1회 저축

부모님이 대신 넣어준 500만 원은 50년 후에 2억 3,000만 원이 되었습니다. 민지는 본인이 돈을 전혀 넣지 않았음에도 불구하고, 굉장히 큰돈이 되었지요.

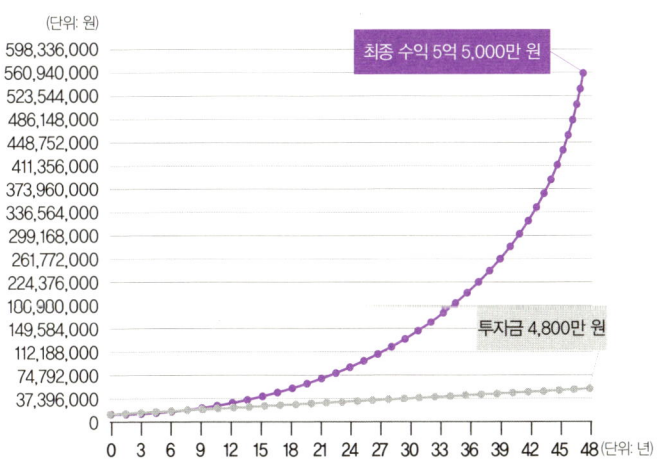

그러나 수익을 훨씬 더 끌어올릴 수 있는 방법이 따로 있습니다. 서우가 직접 돈을 벌어 매달 삼성전자 주식(8만 원으로 가정)을 딱 1주만 샀다면 어떻게 되었을까요? 50년 동안 총투자금은 4천 8백만 원이지만 복리수익으로 인해 최종적으로 손에 얻는 금액은 5억 5000만 원입니다. 매달 8만 원의 투자가 5억을 더 만들어준 셈입니다.

수익률을 높이는 비법은 바로 정기적인 저축입니다. 민지와 같이 부모님의 도움으로 초기 투자금이 컸더라도, 꾸준히 투자하지 않으면 수익이 현저히 떨어집니다. 더구나 서우는 어릴 적부터 스스로 투자하는 습관이 정착되어 어른이 되어서는 더 많은 돈을 투자하겠지요. 서우는 돈 버는 방법을 꾸준히 구상하고 터득하면서 어린 시절을 보냈을 거예요. 3년 후, 5년 후에도 매달 8만 원만 투자하지는 않겠지요. 투자금이 늘어나면서 서우의 최종 수익은 위 그래프를 능가할 것입니다.

첫 주식을 선택하는 방법

우리 아이의 첫 주식은 어떻게 고를 수 있을까요? 먼저 부모님이 소유하고 있는 주식을 살펴보아요. 왜 그 회사에 투자하기로 마음먹게 되었나요? 부모님이 선택한 회사가 어떤 물건을 만드는지, 어떤 가치를 지향하는지 아이에게 설명해줍니다. 주가를 보거나 회사의 뉴스를 읽을 때 자녀도 그 자리에 함께 있게 합니다. 엄마의 포트폴리오에 포함된 회사에 관한 뉴스가 나오면 자녀와 함께 보면서 이 뉴스가 주가에 어떤 영향을 미칠지 이야기를 나눠보세요. IT, 언택트, 스포츠 장비, 게임 업종과 같이 아이에게도 흥미로운 회사는 함께 기사를 찾아봅니다.

그런 다음 자녀에게 어떤 회사를 사고 싶은지 물어보세요. 회사에 대해서는 잘 모르더라도 아이가 좋아하는 것들이 있지요. 디즈니 캐릭터는 대부분의 아이가 좋아하고, 온종일 넷플릭스를 보고 있거나 연예기획사 소속 가수의 팬일 수도 있어요. 로블록스, 블리자드 같은 게임을 좋아하거나, 뷰티 인플루언서가 사용하는 립스틱을 어떤 회사에서 만들었는지 궁금할 수도 있어요. 십 대들이 좋아하는 것은 차세대 대표종목이 될 가능성이 높습니다. 그래서 때로는 자녀의 관심사를 참고해 부모님의 투자종목을 고를 수도 있지요.

함께해보아요
10가지 주식 포트폴리오 구성해보기

American College of Financial Services의 CEO인 로버트 존슨Robert Johnson은 부모가 자녀에게 약 10개의 주식 포트폴리오를 만들어주라고 말합니다. 아이와 함께 관심 있는 주식의 리스트를 열 가지 뽑아보거나, 부모님께서 임의로 구성해보세요. 이 포트폴리오에는 시가 총액이 어느 정도 크면서 자녀에게 지나치게 비싸지 않은 종목, 성장성이 있는 종목, 배당금이 있는 종목 등을 모두 포함합니다.

10가지 주식 포트폴리오 예시(2021.6.기준 주가 5천 원~20만 원)

국내주식	미국주식
삼성전자(전자기기)	
교촌에프앤비(치킨)	월트 디즈니(엔터테인먼트)
쿠팡(배송)	나이키(스포츠)
카카오(카카오톡 메시지앱)	로블록스(게임)
키네마스터(영상편집)	액티비전 블리자드(게임)
빙그레(스낵류)	스타벅스(음료)
삼성출판사(아기상어)	스냅SNAP(스냅챗 메시지앱)
스튜디오드래곤(콘텐츠)	펩시코(스낵류)
넷마블(게임)	애플(아이폰)
다날(결제서비스)	

부모님이 구성한 포트폴리오를 함께 살펴보세요. 아이가 가진 투자 자금에 적절한 종목이 무엇인가요? 회사가 지향하는 가치가 마음에 드나요? 배당금을 주는 주식을 갖고 싶은가요? 요즘 주변 친구들에게 가장 인기 많은 제품을 만드는 회사는 어디인가요? 지난 몇 년간 우수한 성과를 거둔 상위 10대 기업이 있나요? 남들이 최고라고 말하는 회사가 나에게는 최선이 아닐 수도 있습니다. 주식에 좀 익숙해지면 아이가 스스로 회사를 선택하게 합니다.

투자할 종목을 선택하려면 어느 정도 분석도 할 줄 알아야 합니다. 종목 분석은 기본적인 질문에 대한 답을 찾는 과정이에요. 기업이 수익을 내고 있나요? 새로운 시장으로 성장할 가능성이 있나요? 경영진이 목표에 잘 도달하고 있나요? 경쟁사와 비교해 우위를 점하고 있나요? 이런 질문에 대한 답을 찾아봅니다. 한경컨센서스에서 산업 리포트를 읽어보고, 정보공시에서 기업보고서를 살펴보아요. 회사 이름을 검색하여 관련 기사를 찾아보세요. PER, EPS, PBR과 같은 가치지표 보는 법을 배워서 적정 주가를 예상해보세요. 특히 경기 침체를 잘 극복한 기업을 살펴봅니다. 지금 좋은 물건을 만드는 기업보다는, 앞으로 가치가 올라갈 기업을 찾아보세요.

함께해보아요
EPS, PER, PBR, ROE 가치지표 이해하기

■ 영어의 뜻을 알아봅시다.

Earning 이익 / Per ~당 / Share 주식 / Ratio 비율 /

Book 장부 / Value 가치 / Equity : 자기 자본

■ 이 회사, 돈 잘 버나요? → EPS

- EPS = Earning Per Share = 주당 순이익
- 삼성전자의 EPS가 4,000원이면 1주당 4,000원을 번다는 뜻
- 높을수록 좋음

■ 이 회사 주가, 비싼 걸까요? → PER

- PER = Price Earning Ratio = 이익 대비 주식가격의 비율
- 삼성전자의 주식가격이 8만 원인데 한 주당 4,000

원을 번다면?

PER = 80,000÷4,000 = 20

- 낮을수록 좋음
- 10 이하 : 매우 좋음

■ 이 회사, 재산이 좀 있을까요? → PBR

- PBR = Price Book-value Ratio = 장부가치(자산) 대비 주식가격의 비율
- PBR = 주식가격 ÷ 1주당 자산 = 주식가격보다 자산이 커야 좋은 회사
- 낮을수록 좋음
- 1 이하 : 매우 좋음

■ 이 회사, 얼마나 이익을 낼까요? → ROE

- ROE = Return On Equity = 자기자본 이익률
- ROE = (순이익 ÷ 자기자본) × 100 = 내가 투자한 돈으로 회사가 돈을 얼마나 벌고 있나?
- 워런 버핏^{Warren Buffett}의 ROE 활용법 : 3~5년간 지켜본 ROE가 연평균 12~15% 정도면 좋은 회사

개별 주식은 애피타이저

"선생님, 저 아마존 사봤어요."

아이들에게는 주식 1주가 매우 큰 자랑거리입니다. 개별 주식을 사보는 경험은 금융 활동의 애피타이저와 같아요. 아이의 흥미를 유발하기 좋고, 관심을 유지하기에 좋죠. 아이가 좋아하는 회사의 주식을 1주 사서 차트가 오르락내리락하는 모습을 보여주세요. 어릴 때 주식을 시작하면 가장 큰 장점은, 사회초년생이 되었을 때 이미 시장의 상승 및 하락 주기를 이해할 수 있게 된다는 것입니다. 그래서 비교적 어린 나이에도 시장 변동에 놀라지 않고, 정보를 바탕으로 결정할 수 있게 됩니다.

물론 주식시장은 모노폴리나 인생게임 같은 보드게임과는 다릅니다. 실제로 돈을 잃을 수도 있지요. 이런 위험에도 불구하고, 아이가 스스로 결정을 내리게 해보세요. 위험을 감수하는 것이 바로 투자이기 때문입니다. 주식투자의 장점은 높은 수익성이지만, 위험성과 변동성이란 단점 역시 안고 있습니다. 아이는 이 모든 것을 체득하는 과정에 있는 셈이지요. 결과가 어떻든 돈을 벌고 잃어보는 것은 가치 있는 경험입니다. 주식시장의 변동성은 매우 정상적이라는 것을 어렸을 때부터 알게 되기 때문입니다. 이런 변동성 덕분에 개별 주식으로 이익을 얻을 수 있습니다. 돈을 버는 원리는 낮은 가격에 사서 높은 가격에 파는 것이니까요.

그러나 전 재산을 개별 주식 하나에 털어 넣어선 안 됩니다. 개별 주식에 대한 투자는 어디까지나 애피타이저일 뿐입니다. 개별 주식을 살 때는 자녀의 흥미를 돋우고, 투자의 변동성을 깨우치게 한다는 교육적 목적이 분명해야 합니다. 개별 주식을 사보게 하는 이유는 주식시장의 변동성은 정상이며, 이런 사실을 알고 투자해야 한다는 걸 보여주기 위함입니다. 주식이 장기적으로는 다른 투자 상품과 비교해 수익이 높은 편이지만 변동성이 더 크다는 사실을 알게 되면, 아이가 어른이 되었을 때 결혼자금과 같이 중요한 돈을 주식에 투자하려 들지 않을 것입니다. 만약 돈이 꼭 필요한 시기에 시장이 잘못된다면 돈을 잃어 난처한 지경에 이를 수도 있다는 걸 경험으로 알기 때문이지요. 주식계좌에는 기한 없는 돈만 넣어야 한다는 것을 스스로 깨닫습니다. 이런 변동성을 이해하고 주가의 움직임에 동요하지 않는 마음의 습관을 잘 들여놓으면, 노년기에 손가락만 움직이며 돈을 벌 때도 충분히 감정을 다스릴 수 있습니다.

함께해보아요
주식증서를 만들어주세요

워런 버핏^{Warren Buffett}은 수익을 위해서가 아니라 갖고 싶은 회사를 사라고 말했습니다. 더구나 아이들은 투자 수익보다는 자신이 알고 있는 브랜드에 더 관심이 많지요. 자녀가 좋아하는 물건이나 브랜드를 열 가지 적어보세요. 그중에 투자할 수 있는 회사를 골라보세요. 아이의 투자 저금통에 있는 돈으로 회사 주식을 1주 사고, 우리 아이 첫 주식증서의 액자를 만들어보세요.

코카콜라, 아마존, 구글, 디즈니 등 유명한 미국 브랜드들의 주식 증서를 액자로 만들어 배송하는 사이트가 있습니다. 그러나 한국으로 배송해주지 않고, 아이들에게 익숙한 한국 브랜드도 없어요. 디자인을 참고할 수는 있겠습니다.

구글에서 'Free Stock Certificate Templates'를 검색해

주식증서 만드는 사이트
https://uniquestockgift.com

주식증서 액자 예시

보세요. 주식증서를 직접 제작하기 위한 무료 템플릿을 다운로드받을 수 있습니다. 간단히 회사 이름을 입력하고, 회사와 관련된 이미지를 넣어 인쇄해보세요. 이걸 집에 있는 액자에 끼워 넣고 아이 방에 걸어서 처음으로 주주가 된 것을 축하해주세요. 액자가 부담된다면 주식증서를 작은 카드처럼 만들어도 좋겠어요. 자녀가 돈을 모아 주식을 하나씩 살 때마다, 매수한 주식의 증서를 액자

> 나 카드로 만들어 수집해보면 어떨까요? 마치 좋아하는 아이돌 가수의 포토 카드를 하나씩 모으듯이, 자기 주식을 하나씩 사 모으는 것이지요. 컴퓨터 속 숫자로만 알고 있던 나의 투자를 실물로 접하면, 뿌듯함이 새로이 느껴질 거예요.

어린이 성투의 법칙

어린이 주식 투자에서 개별 주식은 애피타이저로 끝내는 게 좋습니다. 의도치 않은 비교육적인 효과가 생길 수 있기 때문입니다. 만약 아이가 산 주식의 가격이 치솟으면 아이는 모든 것을 혼자서 잘 해냈다고 생각하고 스스로 훌륭한 투자자라고 생각하겠지요. 앞으로의 투자에 있어 실패는 없을 것처럼 의기양양합니다. 반면 주식의 가격이 내려가면 투자는 내 길이 아니라고 생각하며 낙담합니다. 돈을 더 잃기 전에 그만둬야겠다고 생각할 수도 있어요. 둘 중 어느 쪽도 좋은 방법이 아닙니다. 그러면 아이를 성공적인 투자자로 길러내기 위해서 무엇을 해야 할까요?

개별 주식 한 가지에만 투자하는 것은 모든 달걀을 한 바구니에 넣는 것과 같아요. 갑자기 돈이 필요한 일이 생기면 위험합니다. 투자를 분산하는 가장 좋은 방법은 수백 가지 주식에 동시에 투자하는 것인데, 바로 인덱스 펀드(지수연동형 펀드)나 ETF에 투자하는 것입니다. 인덱스 펀드와 ETF는 사고팔 수 있는 주식 세트와 같아요. 해외 ETF에 10~20% 정도를 분산투자 하는 것도 좋습니다. 국내 주식시장에서 손해를 봐도 다른 나라 시장에서 만회할 수 있으니까요.

인덱스 펀드의 창시자는 투자 업계의 전설로 불리는 뱅가드그룹의 창업자, 존 보글^{John Bogle}입니다. 특정 종목이 아닌 주가지수 움직임에 따라 수익을 내는 인덱스 펀드를 세계 최초로 만든 인물이지요. 존 보글은 '시장을 이기려는 것은 헛된 노력'이라는 신념을 바탕으로 뱅가드 S&P500^{Vangard S&P500}이라는 지수 추종 펀드를 만들었습니다. 2007년에는 《모든 주식을 소유하라^{The Little Book of Common Sense Investing}》라는 책을 냈습니다. 개인투자자의 전설 워런 버핏^{Warren Buffet}도 현대 사회인들에게 가장 큰 영향을 준 인물로 존 보글을 뽑으며 칭찬을 아끼지 않았습니다. 노벨경제학상 수상자인 머튼 밀러^{Merton Miller}는 '인덱스 펀드에 투자하면 여가 생활에 더 많은 시간을 활용할 수 있을 뿐만 아니라, 더 높은 수익을 내게 될 것'이라고 말했습니다. 이러한 인덱스 펀드가 좀 더 진화한 것이 바로 ETF입니다. 인덱스 펀드는 거래일 마지막에 설정된 가격으로만 사고팔 수 있지만, ETF는 주식처럼 온종일 거래할 수 있어요. ETF가 인덱스 펀드보다 더 쉬운 방법입니다.

인덱스 펀드는 시장의 평균 수익을 실현하는 것을 목표로 지수를 추종하는 패시브 펀드입니다. 패시브 펀드(수동적 투자)는 액티브 펀드(능동적 투자)보다 투자 비용이 적게 듭니다. 패시브 펀드는 주가지수 움직임을 추종하므로, 사고파는 데 드는 수수료가 적기 때문이지요. 액티브 펀드는 펀드 매니저가 시간을 들여야 하므로, 수수료가 비쌉니다. 인덱스 펀드와 ETF는 저렴한 가격에 살 수 있을 뿐 아니라 주기적으로 펀드 내부 항목을 조정하면서 가치 있는 주식들로 구성됩니다. 이런 점에 있어서 존 보글은 액티브 펀드가 비상식적이라는 지적을 했습니다. 비용도 많이 들고 결과적인 수익률도 패시브 펀드에 미치지 못하기 때문입니다. 수동적 투자란, 시장을 이기려 하기보다 시장을 소유하려는 것입니다. 시장 수익률의 벤치마크는 S&P500인데, S&P500이 시작된 이래 연간 수익률은 약 9~10%였습니다. 개별 ETF의 성과는 추종하는 지수에 따라 다르지만, ETF의 일반적인 평균 수익률은 약 10%에 달합니다.

투자전문가의 포트폴리오 운영과 인덱스 펀드, 어느 쪽의 수익률이 더 높을까요? 놀랍게도 투자전문가들이 전략적으로 개별 주식을 사고판 결과는 인덱스 펀드의 연간 수익률에 못 미칩니다. 인덱스 펀드와 ETF는 운 좋은 개별 투자만큼 수익성이 높진 않지만, 위험성이 적은 투자법입니다. 또 대부분의 투자자나 펀드매니저보다 더 높은 수익률을 낼 수 있는 확실한 투자법이기도 합니다. 워런 버핏도 '전문 투자자가 아닌 일반 사람들에게 제일 나은 방법은 인덱스 펀드에 투자하는 것'이라고 말합니다. 아이가 깨어있는 대부분의 시간을 투자할 회사를 조사하는 데 바치게 할 생각이 아니라면, ETF만 있으면 된다고 말이지요. 개별 주식처럼 차트가 가파르게 상승하지 않는다고 조급해할 필요가 없습니다. 몇 가지 주식종목을 여러 번 사고파는 것보다, 한 가지 ETF를 오래 보유하는 편이 결과적으로 훨씬 낫기 때문입니다.

자녀가 '소비보다 먼저 투자하라'는 원칙을 실천하고 있나요? 그렇다면 생각보다 빠르게 성공적인 투자자가 될 수 있습니다.《목적이 있는 아이Intentional Children: Raising Money-Smart,

Mindful Kids of Intention and Purpose》의 저자 칼렌 브루스Kalen Bruce는 다음과 같은 공식을 제안합니다. 초등학교 4~6학년 때 다음의 공식을 익히면, 평생 투자가 쉬워집니다. 아이들에게는 어른들보다 많이 확보하고 있는 시간이란 자산이 있기 때문입니다.

< 어린이 성투의 법칙 >
(우리 아이 + 투자를 먼저 + ETF) × 시간
= 성공적인 투자

주식 투자를 처음 시작한 사람들은 대부분, 한 달에 30분쯤 시간을 들여 개별 주식을 검토한다고 합니다. 더 안타까운 점은, 그 짧은 순간에 괜찮아 보이는 주식을 매수한다는 사실이지요. 인덱스 펀드나 ETF에 꾸준히 투자하는 것이 훨씬 수익률이 높고, 시간도 절약하는 방법입니다. 어릴 때 이런 방법을 가르쳐주면 아이는 자라면서 종잣돈도 모으고, 점점 더 경제적으로 해박해집니다. 좀 더 진화한 투자 방법에 대해서는 주식시장에 대한 이해가 쌓인 후에 시도하면 됩니다. 아이에게 앞으로의 시간은 충분하니까요. 지수 추종 투자를 기초로, 다른 것이 쌓여갑니다.

모의 투자 해보기

가족이나 친구들과 모의 투자대회를 열어보세요. 투자를 처음 시작하는 사람들을 위해 가상의 돈으로 진짜처럼 투자해볼 수 있는 모의 투자 앱이 시중에 많이 있습니다. 투자대회에 참가할 가족들이나 또래 친구들을 모집합니다. 아이와 어른 모두에게 친숙한 회사를 열 가지 적어보세요. 10~20만 원 안에서 종목을 각자 선택합니다. 지금은 돈이 모자라서 사지 못하는 대형주, 앞으로의 추이가 궁금한 종목을 사보세요. 한 달간 매주 주가를 확인하면서 어떤 이슈로 주가에 변동이 있었는지를 기록합니다. 매주 모여서 수익을 비교하고 주가가 변한 이유를 이야기합니다. 아이들끼리 투자클럽을 만들어 정기적인 모임을 갖도록 해보세요.

투자 이야기 나누기

아이가 투자에 대해 잘 이해하지는 못하더라도 괜찮습니다. 대부분의 성인도 투자를 완전히 이해하지 못하니까요. 투자에 관한 얘기를 생활 속에서 자연스럽게 해볼까요? 아이가 신발을 좋아하면 나이키라는 회사에서 만들었다고 말해주세요. 코카콜라, 디즈니, 삼성전자, 카카오, 네이버, 로블록스 등에 모두 적용됩니다. 아이들이 사용하는 물건을 만든 회사들을 검색해보아요. 그 회사가 성공하거나 실패한 원인이 무엇일지 대화해보세요.

특히 딸에게 투자에 관한 이야기를 꼭 해보세요.《포브스Forbes》에 따르면 2021년에도 여성의 소득수준은 남성에 비해 적고, 직장에서 은퇴할 때도 남성보다 저축액을 적게 갖고 나옵니다. 지난 수십 년 동안 성별 임금 격차는 줄어들고 있지만, 현재 속도로 간다면 성별 임금 격차는 2059년까지 계속될 것이라고 합니다. 투자에 대해서도 여성은 소극적인 편입니다. S&P Global의 2018년 보고서에 따르면, 여성의 26%만이 주식 시장에 투자하고 있으며, 남성보다 덜 공격적인 성향입니다. 그러나 일단 투자를 시작하면, 여성이 남성보다 더 높은 수익률을 낸다고 합니다. 혹시 딸과 대화할 때 경제나 투자 얘기를 더 안 하는 건 아닌지 생각해보세요.

2020년《포천Fortune》이 가장 존경받는 기업으로 선정한, 글로벌 투자 관리 회사 T. Rowe Price에서 실시한 설문조사에 따르면 남학생들이 여학생들보다 부모님과 돈에 대한 대화를 더 많이 합니다. 아들을 가진 부모님 중 80%가 '아들이 돈의 가치를 잘 이해한다'라고 생각하지만, 딸을 가진 부모님은 69%만이 '딸이 돈의 가치를 잘 안다'고 응답했습니다. 돈 계산과 수학은 으레 여자아이보다 남자아이가 잘 한다는 편견을 갖고 있지는 않은가요? 투자는 딸에게 더 필요한 삶의 기술일 수 있습니다.

나만의 철학 세우기

투자를 어떻게 하라고 조언하는 말은 많습니다. 투자 전문가는 여러 채널로부터 매일같이 새로운 투자 방향을 제시받습니다. 투자전략도 너무나 다양합니다. 거래 비용을 피하는 수동적 전략, 빈번한 거래로 시장을 능가하는 능동적 전략, 저평가된 기업의 내재가치를 알아보고 투자하는 가치투자, 높은 배당이 예상되는 종목을 골라 투자하는 배당 투자, 대중과 반대 방향으로 투자하는 역발상 투자, 시장 지수에 투자하는 인덱싱 투자, 친환경 기술 및 사회복지 개선에 적극적으로 참여하는 기업에 투자하는 사회적 책임 투자 등이 있지요. 그러나 가장 중요한 것은 철학입니다. 나름의 철학이 없는 투자자는 전략을 너무 쉽게 바꾸거나 포트폴리오를 자주 변경하면서 결국 비용만 많이 내게 됩니다.

투자는 일단 수익을 내는 것이 목표입니다. 이 투자가 좋은 수익을 올릴 것이라는 확신을 할 수 있어야 합니다. 주식 시장의 타이밍을 맞추거나 단기적인 성과를 내는 것은 길게 봤을 때 좋지 않습니다. 좋은 투자자는 매매 추세에도 깊이 관여하지 않습니다. 10% 내림세에 울적해지거나 시장을 떠나지 않지요. 시장 상황이 변하더라도 계획을 자주 바꾸지 않습니다. 이런 점에서는 대부분의 어린이가 훌륭한 투자자일 거예요. 어린이들은 온종일 주식 화면을 보고 있지 않을 뿐더러, 잊고 있다가 한참 뒤에 수익이 난 걸 보고 환호하기 때문입니다. 관심사가 다방면에 뿌려져 있는 어린이 특성상, 인내심으로 부를 창출하기가 어른보다 훨씬 쉽습니다.

투자 철학이 있으면 내가 진짜 투자하고 싶은 곳이 어디인지를 알 수 있습니다. 성공적인 투자자는 자기만의 투자 철학을 개발하고 개선해나가지요. 아이에게도 자기만의 투자 철학이 있어야 합니다. 대형주에 투자하기 위해 돈을 모으는 아이도 있고, 지구에 좋은 일을 하는 기업에만 투자한다는 신념이 있는 아이도 있습니다. 간단한 가치지표를 배워서 가치투자를 하겠다는 아이도 있고, 유튜브를 통해 다양한 정보를 얻으면서 미래 성장성을 보고 투자한다는 아이도 있습니다. 우리 아이는 어떤 투자 철학을 갖고 있나요?

PART 3.
돈 공부 3

돈을 다루는 9단계 실천법

1

목표를 시각화해요

칸이 나뉜 저금통

눈에 잘 띄는 곳에 투명한 병 네 개를 두세요. 투명한 저금통은 아이들이 돈이 불어나는 것을 시각적으로 확인할 수 있어 좋습니다. 병 네 개는 각각 저금, 투자, 기부, 소비를 위한 저금통입니다. 소원 저금통, 투자 저금통, 기부 저금통, 소비 저금통이라고 이름을 붙인 저금통을 먼저 마련한 후, 아이가 받은 돈을 어디에 넣을지를 정합니다. 일단 돈이 생기면 가장 먼저 저금을 합니다. 그다음에는 투자 저금통에 돈이 들어갑니다. 기부 저금통에도 수입의 몇 퍼센트를 할당하고, 마지막으로 소비 저금통에 남아있는 돈을 넣습니다. 소비를 가장 나중에 합니다.

가장 일반적인 저축 비율은 25%입니다. 명절 때 어른들께 용돈을 받으면 아무리 갖고 싶은 물건이 있더라도 일단 1/4은 무조건 소원 저금통에 넣습니다. 1/4 저금 법칙을 하나의 큰 생활 습관이 되도록 하는 것이 좋습니다. 잠들기 전 꼭 양치하는 것처럼 저금도 습관으로 정착시킵니다.

병을 4개나 구하기 어렵다면 시중에 판매되는 칸이 나뉜 저금통을 사보세요. 아마존에서 'Save Spend Share Piggy Bank'라고 검색하면 여러 종류의 칸이 나뉜 저금통이 나옵니다. 통이 관리하기 불편하다면 봉투를 이용해보세요. 아마존에서 'Save Spend Share Cash Envelopes'라고 검색하면 지퍼가 달린 투명한 봉투가 판매되고 있습니다. 어른들이 봉투에 현금을 나누어 담고 예산을 관리하듯이, 아이들도 봉투를 활용하면 효과적으로 돈 관리를 할 수 있습니다. 사온 저금통이 세 칸밖에 없다면 투자를 위한 저금통을 따로 마련하면 되겠지요?

용도를 나누어 관리하는 저금봉투

행복을 부르는 가족 저금통

학교에서는 입학식, 운동회, 학예회, 졸업식과 같은 연례 행사가 있습니다. 안전교육, 충효교육, 환경교육과 같은 분기별 계기 교육도 하지요. 특별한 학급 운영을 하기도 합니다. 학기 말 책거리를 한다든지, 시험이 끝난 후 마지막 차시에는 영화를 본다든지, 과자 파티나 라면 파티를 하기도 하지요. 이런 모든 활동이 학교와 학급에 소속감을 느끼게 만듭니다. 국가의 일원, 지역의 일원, 학교의 일원으로서 다른 친구들과 함께 즐거운 활동을 같이하면서 화합하는 경험을 해 볼 수 있습니다.

가정에서도 이런 주간, 월간행사를 만들어보면 어떨까요? 가족이 화합하는 시간을 갖고 즐거운 추억을 만들기 위해서 말이에요. 어디 먼 곳으로 여행을 떠날 수도 있지만, 좀 더 쉽고 재밌는 활동을 떠올려볼까요? 예를 들면 한 달이 끝난 후 월말에 가족회의를 연다거나, 매주 금요일 밤에는 온 가족이 모여 영화를 보는 무비 데이를 정하는 거예요. 정해진 요일에 정해진 활동을 합니다. 이때, 모든 가족 구성원이 금요일 밤 무비 데이를 꼭 지켜야 합니다. 이건 우리 가족만의 규칙이 됩니다. 아빠는 금요일 밤에 회식 일정을 잡지 않고 반드시 일찍 퇴근해야 합니다. 엄마는 아이들에게 잔소리하고 싶어도 기분 좋은 날이니까 조금 허용해줍니다. 아이들도 숙제에서 잠시 해방되어 그 시간만큼은 가족과 함께 즐겁게 보냅니다. 이렇게 가족만의 단합된 시간을 가지면 아이들과 부모의 소통에 큰 도움이 됩니다. 부모와 원활히 소통하는 아이는 인성도 잘 계발되어 지혜로운 인생을 살아갑니다. 이런 가족 활동에서도 경제교육을 잘 활용하면 좋은 효과가 있겠지요?

불금 파티를 위한 피자 데이를 계획했다면, 피자를 사는 데 돈이 필요할 것입니다. 부모가 모든 비용을 부담할 수도 있지만, 가족 저금통에서 비용을 충당하면 어떨까요? 부모님은 거실을 오가면서 주머니 속 남은 잔돈을 털어 가족 저금통 속에 넣습니다. 아이들도 과자 사고 남은 잔돈을 여기에 넣거나, 소비에 배정된 용돈 중 얼마씩 떼어 저금합니다. 물론 부모님이 총비용의 많은 부분을 감당하겠지만, 아이들이 작게라도 가족 행사에 기여한다는 점이 중요합니다. 언제나 아이들에게 가족 구성원으로서의 책임을 알려줘야 하니까요. 피자 데이가 왔을 때, 저금통을 열어보고 부족한 금액은 부모님이 채워서 결제합니다.

달성하기 쉽고 아이들도 좋아할 목표를 정해볼까요? 금요일 저녁에 피자 먹으면서 영화 보기, 워터파크 가기 같은 목표를 정한 후에 가족이 함께 돈을 모읍니다. 신발 상자나 과자 통을 가족 저금통으로 활용해요. 누구나 잘 보이고 손이 닿는 곳에 통을 두세요. 아마 부모님이 저금을 많이 하시겠지요. 아이들은 100원, 200원을 넣을지도 모릅니다. 금액은 중요하지 않아요. 생활 속에서 가족 저금통을 자주 언급해주세요. 일부러 잔돈을 받아와서 거스름돈을 집어넣는 모습을 보여주세요. 아이에게 받았던 세금을 가족 저금통에 담을 수도 있고요. 드디어 약속한 날짜가 왔을 때, 통을 열어 아이와 함께 돈을 세어봅니다. 온 가족이 즐거운 시간을 함께 보내면서, 아이는 돈 모으기의 가치를 깨달을 거예요.

목표를 시각화하기

마음의 눈으로 이미 달성된 목표를 보는 것을 시각화라고 하지요. 시각화는 성공한 사람들이 사용하는 핵심 기술입니다. 우리 뇌에서 정보를 전달하는 뉴런은 이미지를 실제 행동과 같게 해석합니다. 우리가 어떤 이미지를 떠올리면 뇌에서는 이미지와 관련된 행동을 하게 하는 충동이 생깁니다. 잠재의식의 힘을 활용하게 되는 거예요. 아이의 목표를 이미지로 출력해서 저금통에 붙여보세요. 목표를 분명히 떠올리다 보면, 돈을 모아서 목표를 달성하겠다는 의지가 생깁니다.

아이가 원하는 물건의 이미지를 찾으셨나요? 이제 그것을 사기 위해 얼마나 저금해야 하는지 알아보세요. 총수입 중 몇 퍼센트를 저금해야 하는지, 목표 금액을 모으려면 얼마나 시간이 걸릴지 계산해보세요. 돈이 다 모이는 날짜는 언제인지, 지금까지 얼마나 달려왔는지 탁상달력에 표시합니다. 목표를 더 빨리 이루고 싶은가요? 일해서 수입을 늘려야 합니다.

소원 저금통 앞에 있는 사진은 달성될 때마다 다른 것으로 바뀝니다. 투자 저금통에 붙여진 그림은 계속 추가될 수 있습니다. 처음에는 자동차 사진이었지만 주택 사진과 휴양지 사진이 추가될 수 있어요. 이런 사진들은 모아서 비전 보드로 만들어보세요. 종이보다 컴퓨터를 활용하는 시대이지만, 눈앞에 보이는 실물은 기대 이상으로 효과적입니다. 비전 보드는 아이의 미래 꿈과도 연결이 됩니다. 아이가 앞으로 살고 싶은 삶을 명료한 사진으로 시각화해보세요. 눈에 띄는 곳에 걸어두고, 꿈을 이루기 위해 지금 해야 할 행동은 무엇인지 이야기해보세요. 매달 용돈이나 월급의 몇 퍼센트를 실제로 미래를 위해 투자하도록 이끌어줍니다.

비전 보드 예시

2

집안일 목록을 만들어요

아이가 할 수 있는 일

어려서부터 집안일에 참여한 아이들은 성인이 되어서 특별한 성취를 일찍 이루어낸다고 합니다. 유치원 때부터 20대 중반에 이르기까지, 학위를 따거나 자기만의 사업을 시작하는 등 삶에 큰 이정표가 될 성취를 한 아이들은 모두 어린 시절에 집안일을 했습니다. 브라운 대학교의 연구 결과에서는 집안일을 포함한 아동의 일상 생활습관이 9세 이후에는 변할 가능성이 거의 없다고 합니다. 대부분의 어린이는 3학년이 되면 일상 생활습관이 확고하게 자리 잡습니다.

50,000명에 달하는 사람을 대상으로 조사한 결과, 9살 때 생긴 집안일 습관이 고등학교 졸업 때까지 일관되게 유지되었습니다. 책임감 있고 성취감을 즐기는 어른으로 성장하려면 아이들에게 어려서부터 집안일을 시키는 게 좋습니다. 일에 대한 주인의식, 해내겠다는 의지, 집안의 일에 함께 참여하는 협동 정신을 갖추게 되기 때문입니다.

집안일은 크게 두 가지로 구분됩니다. '돈을 받는 일'과 '돈을 받지 않는 일'입니다. 내 양말 짝 찾기, 자기 옷 걸어두기, 내 방 이불 개기 같은 일은 매일 습관처럼 하는 일이죠. 이렇게 일상생활의 습관과 같은 집안일에는 돈을 주지 않아요. 아이도 가족의 구성원이므로 간단한 집안일을 돕는 것은 당연하기 때문입니다. 대신 노동으로 분류될 만큼 어려운 과제이거나, 가족 공동의 일을 할 때에는 급료를 줄 수 있어요. 아이가 자랄수록 점점 더 어려운 일에도 참여를 시킵니다. 유아에게는 현관을 닦는 일, 설거지도 중대한 노동이 될 수 있습니다. 고학년이라면 저녁 식사 메뉴에 필요한 음식 재료를 검색하고, 직접 장보기까지 완료하여 좀 더 큰돈을 받을 수 있습니다.

집안일을 일정 부분 아이에게 맡기면 훌륭한 교육적 효

과도 나타납니다. 《성공하는 사람들의 7가지 습관》의 저자로 유명한 스티븐 코비^Stephen Covey 는 아들이 여섯 살일 때 중요한 일거리를 맡겼어요. 바로 잔디를 항상 푸르게 유지하는 일이었지요. 잔디에 침을 뱉든 물을 주든, 과정은 신경 쓰지 않았습니다. 일을 전적으로 맡기고, 결과적으로 잔디가 푸르기만 하면 된다고 말했지요. 아이는 처음에는 별 신경 쓰지 않았지만, 어느 날 아버지에게 "잔디가 누렇구나."라는 말을 듣게 되었습니다. 그때부터 여섯 살 아들은 그것이 '자기 일'이라는 인식을 하고 어떻게 하면 잔디를 푸르게 만들지 고민하기 시작했어요. 매일 잔디에 물을 주는 습관이 생겼고, 훌륭한 결과가 탄생했습니다. 아이를 신뢰하고 일을 맡겨보세요. 어린아이도 일에 대한 책임감을 느끼고 성과를 만들어냅니다.

우리는 대체로 일하기를 싫어하지요. 그럼에도 일은 삶의 일부입니다. 일하지 않는 삶은 보람이 없고, 우리 삶은 일에서 벗어날 수도 없습니다. 분명한 것은, 부자로서의 삶 역시 열심히 일한 후에야 만나게 될 거란 점입니다. 이를 염두에 두면, 아이를 위해 대신해주는 일이 많을수록 아이에게 좋지 않겠지요. 아이가 엄마만큼 손이 야무지지 못해서 빨래를 엉망으로 개키더라도 그냥 두세요. 완벽이 목표는 아닙니다. 아이가 집안의 일원으로서 집안일에 참여한다는 사실이 중요합니다.

왜 일을 하는가

이제는 아이에게 부모님의 직장생활이 늘 즐겁지만은 않다는 것을 말해도 괜찮아요. 엄마와 아빠에게 직장 상사가 있고, 직장 상사의 결정이 항상 맘에 들지는 않는다는 걸 얘기해도 됩니다. 아이도 선생님이 있고, 그 선생님을 언제나 좋아하진 않는 것하고 같습니다. 그런 게 현실이기 때문에, 모든 사람이 살면서 한 번쯤은 겪는 일이기 때문에 그렇지요. 그래도 좋은 동료, 좋은 학생이 되려면 항상 존중하는 태도를 보이고, 남의 의견을 받아들일 줄도 알아야 한다는 점을 함께 말해주세요.

우리는 직장에서 번 돈으로 온 가족이 먹을 것, 입을 옷을 사고 함께 살 수 있는 집을 마련했습니다. 이 사실에 대해 아이 앞에서 감사를 표현해보세요. 부모님이 하는 일을 좀 더 좋게 만드는 것들, 승진하기 위해 열심히 일한다거나 다른 부서로 옮기고 싶다는 이야기도 아이와 나눠보세요. 새로운 커리어를 가지려고 엄마나 아빠가 자격증을 딸 거라는 계획도 공유해요. 아이와의 대화 속에 지속해서 던져야 하는 메시지는 바로 이것입니다.

"직장이 항상 완벽하지는 않지만, 돈을 벌 수 있다는 건 행복한 일이다."

우리가 일하는 이유는 무엇일까요? 여러 가지 이유가 있겠지만, 어쨌든 돈이 전부는 아니지요. 우리 아이가 자라서 재정적으로 안정된 삶을 살기를 바라지만, 그렇다고 해서 연봉이 높다는 이유만으로 직업을 택할 수는 없습니다. 돈을 많이 준다고 해서 내가 불행해지는 일을 할 순 없으니까요. 스스로 즐기는 일을 선택하는 것이 중요하다는 메시지를 주어야 합니다. 일과 그 일에 대한 대가로 받는 돈이 서로 교환할 가치가 있는지에 대해 대화해보세요. 예술을 좋아해서 예술 분야에서 일하고 계신가요? 강사나 사회복지사로서 일하면서 사회에 봉사하는 일에서 만족감을 얻고 계신가요? 사업을 운영하는 경우, 왜 이 사업을 좋아하게 되셨나요? 사람들을 관리, 경영하는 걸 좋아하고 어려서부터 사업가 기질이 있었나요? 부모님의 직업에서 월급을 제외한 좋은 것은 무엇인가요? 부모님이 일에서 얻는 보람을 아이에게 말해주세요.

집안에서 돈 벌기

실제 삶에서는, 일하지 않으면 돈도 받을 수 없습니다. 돈을 벌려면 돈을 받을 만한 노동을 해야 하지요. 아이가 직접 번 돈을 저축하고 투자할 때 인생의 교훈을 얻을 수 있습니다. 공짜로 얻은 돈에서는 어떤 배움도 없습니다. 또한, 자녀가 당연한 책임 그 이상의 일을 한다면 당연히 돈을 줘야 합니다. 여기서 일이란, 만약 아이가 도와주지 않으면 따로 비용이 드는 일을 말합니다. 아빠 차 앞 유리에 붙은 주차 금지 딱지를 제거하거나 화장실 곰팡이를 제거했다면 당연히 대가를 지급해야 합니다. 날짜별로 사진 정리하는 일도 초등학생에게 좋은 일거리입니다. 하지만 자기 침대 정리하기, 옷가지 정리하기, 식탁에 내 숟가락 놓기 같은 일에는 돈을 주지 않아요. 자기관리와 생활 습관 같은 집안일은 당연히 해야 할 일이니까요.

자녀의 수준에 적절한 집안일을 선택하여 표에 적어보세요. 항목별로 받을 금액을 서로 협의하여 정하세요. 요일별로 예정된 일을 수행했는지 체크하고, 일주일이 끝나면 총소득을 계산합니다. 아이는 마치 월급날이 다가오는 것처럼 보상받는 날을 기다릴 거예요. 저학년은 주별로 돈을 주세요.

집안일 목록

집안일 항목	항목별 수수료	월		화		수		목		금		토		일	
		계획	실천	계획	실천	계획	실천	계획	실천	계획	실천	계획	실천	계획	실천
저녁 장보기	1,000원	○	●					○	●						
설거지 하기	3,000원					○	●					○	●	○	●
음식물 쓰레기처리	2,000원					○	●								
우유 심부름	500원			○	●										
변기 청소하기	2,000원									○	●				
아침식사 만들기	3,000원											○	●		
실내화 빨기	1,000원													○	●
요일별 소득합계		1,000원		500원		5,000원		1,000원		2,000원		6,000원		4,000원	

이번 주 목표금액 : 15,000원		이번 주 총 소득 : 19,500원	
저금50% : 9,750원	투자20% : 3,900원	기부10% : 1,950원	소비20% : 3,900원

나이가 어릴수록 즉각적인 보상을 해야 바람직한 행동을 자주 끌어낼 수 있습니다. 원하는 물건을 사는 날이 왔을 때, 아이가 느끼는 성취감만큼 부모님도 크게 축하해주세요.

아이가 최소한의 것에서 만족하지 않도록 해요. 아이가

최소한 양말을 벗어 세탁기에 넣을 수 있다면, 그것을 넘어 무슨 일을 더 할 수 있겠는지 물어보세요. 조금 더 큰 역할을 맡겨보세요. 계속해서 아이를 가정의 일에 참여시키세요. 일주일에 한 번 할머니께 전화를 드려야겠다고 생각할 수도 있어요. 고장 난 물건을 고치거나 건전지 갈아 끼우는 일, 창고 정리하는 일을 맡을 수도 있어요. 그중에서 돈을 지급할 가치가 있는 일을 고릅니다. 가족을 위해 아이가 할 수 있는 일은 무엇일까요? 조금 더 도전적인 일을 생각해보아요.

함께해보아요
노션으로 집안일 목록 만들기

■ 노션이란?

노션^{Notion}은 실리콘밸리에 돌풍을 가져온 메모 앱으로, 현재 가장 인기 있는 협업 도구^{Tool}입니다. 실제 국내외 여러 기업에서 업무에 활용되고 있습니다. 노션은 사용하는 사람에 따라서 단순히 노트 앱이 되기도 하고, 누군가의 포트폴리오가 되기도 하고, 회사의 협업 앱이 되기도 합니다. 노션의 가장 큰 장점은 실시간 협업이 가능하다는 점입니다. 언제 어디서나 인터넷이 연결되는 곳에서 링크만 전달하면 굳이 앱을 내려받지 않아도 소통할 수 있습니다.

1. notion.so 에 회원가입을 합니다.
2. 페이지 추가^{Add a page}를 합니다.

+ Add a page

3. 제목을 입력합니다.

집안일 차트

Enter 키를 눌러 빈 페이지를 사용하거나, ↑↓ 키를 이용해 템플릿을 선택하세요

- 빈 페이지, 아이콘 사용
- 빈 페이지
- 템플릿
- 가져오기

4. 표^{Table}를 클릭하여 만듭니다.

데이터베이스
- 표
- 보드
- 리스트

5. + 버튼을 클릭하여 행과 열을 추가합니다. 집안일 탭을 만들어 정해둔 집안일 목록을 적습니다.

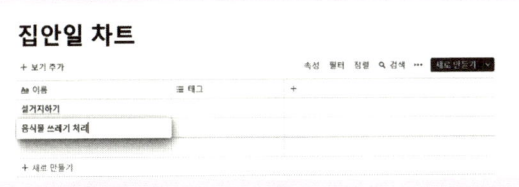

6. 수수료 탭에는 숫자^{Number} 속성을 선택합니다. 숫자 가운데 원화를 선택합니다.

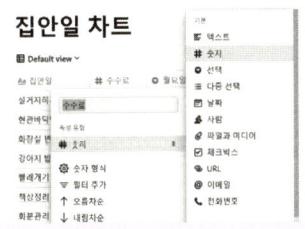

7. 요일 탭에는 선택^{Select} 속성을 선택합니다.

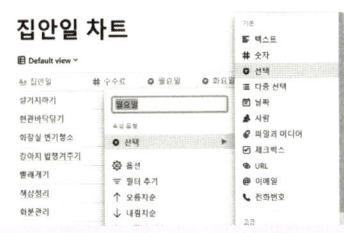

8. 선택Select 속성 안에 선택안 두 가지를 만듭니다. '계획'과 '실천'이라고 타이핑하면 됩니다.

9. 모든 요일 탭을 만들었다면, 이제 계획된 집안일을 표시합니다. '계획'이나 '실천' 중에 선택할 수 있게 되어 있습니다.

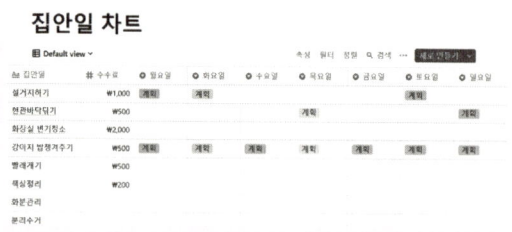

10. 커버 추가하기Add cover를 클릭하여 아이가 갖고 싶은 물건이나 하고 싶은 경험과 관련된 사진을 넣습니다.

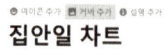

11. 자녀에게 링크를 공유합니다. 우측 상단의 공유 Share를 클릭하여 활성화하고, 편집 허용Allow editing 클릭하여 활성화합니다. 편집 허용이 된 상태여야만 자녀가 링크를 통해 들어와서 표에 있는 '계획'을 '실천'으로 수정할 수 있습니다. 링크 복사하기Copy link를 클릭하여 자녀와의 채팅방에 공유합니다. 노션에서는 따로 저장 버튼을 누를 필요 없이 자동 저장이 됩니다.

12. 여기까지 부모님이 세팅해 놓으면, 아이는 가족 채팅방 링크를 통해 노션에 접속합니다. 노션 앱을 설치할 필요는 없습니다. 집안일을 수행한 후, 표에 있는 '계획'을 '실천'으로 바꿉니다.

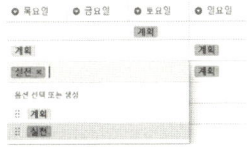

13. 일주일이 끝나고 나면, '실천' 처리된 항목의 수수료를 모두 더합니다. 이번 주 총소득 합계를 적습니다. PC에서 표를 한 번 만들어두면 숫자나 텍스트의 수정은 휴대전화 노션 앱에서 손쉽게 할 수 있습니다.

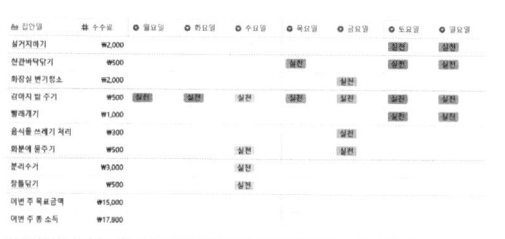

14. 집안일 목록표 활동지를 작성해보세요.

✱ 노션 생성이 어려우신 분들은 계정 생성을 완료한 뒤, 아래 링크에서 템플릿을 복제하여 사용해도 좋습니다.

bit.ly/3sny9wN

집안일 목록표 활동지

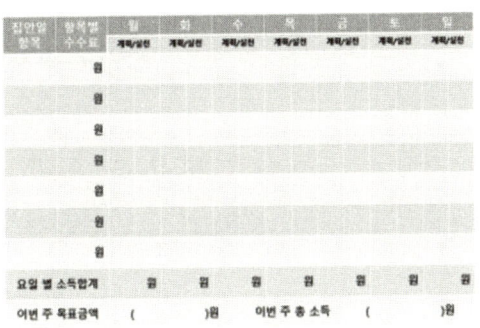

3

감사의 나무를 그려보세요

　소비를 합리적으로 하기 위해서는, 한 가지 질문만 던지면 됩니다. "이것 없으면 살 수 없을까?" 원하는 것과 필요한 것을 구분하는 질문이지요. 아이에게 물어보세요. "이게 너에게 꼭 필요한 거니? 아니면 그냥 갖고 싶은 거니?" 뭔가 사고 싶은 것이 있을 때 <u>스스로</u> 이런 질문을 던지면, 이 물건이 정말 내게 필요해서 사는 것인지, 아니면 갖고 싶어서 사는 것인지 구분할 수 있습니다. 아이와 집 밖을 나서기 전에, 감사의 나무를 그려보세요. 나무의 기둥(줄기)에는 없어서는 안 될 것, 살아가는 데 꼭 필요한 것들을 씁니다. 나무의 가지에는 없어도 살 수 있는 것, 꼭 필요하지는 않은 것을 씁니다. 새 가방, 새 신발 같은 것은 나뭇가지에 써야 합니다. 물, 집, 전기 같은 것은 나무 기둥에 쓰겠지요. 우리는 없어도 살아갈 수 있는 것들에 대한 소비를 줄여야 합니다. 또한 없어서는 안 될 것들을 살 수 있는 돈이 있다는 사실에 감사해야 합니다. 그래서 이 나무의 이름이 감사의 나무입니다. 아이에게 이렇게 말해주세요. 몸을 편히 쉬게 할 집이 있는 것, 배를 채울 음식을 살 돈이 있다는 것, 아플 때 병원에 갈 수 있는 것에 감사하자고 말이에요. 가진 것에 감사하다 보면 낭비가 줄어듭니다.

4

기부 계획을 세워요

우리는 더 많이 기부할수록 더 큰 행복을 느낍니다. 행복한 감정 역시 삶에서 누릴 수 있는 풍요 중 하나이지요. 의미 있는 경험을 했을 때, 마음은 이미 풍요로 가득 차오릅니다. 가치 있는 경험을 하는 즉시 온몸에 좋은 감정이 느껴지지요. 좋은 감정 속에 있을 때, 아이의 삶은 이미 좋은 삶입니다. 자녀의 재능, 시간, 돈을 가치 있게 쓰는 경험을 하면서 성장하는 아이의 뇌도 역시 좋은 영향을 받습니다. 남을 돕는 일이 오히려 자기 자신을 돕는 일이 되는 것이지요. 기부활동지를 참고해서 기부 계획을 세우고, 활동기록도 남겨보세요.

기부 계획 세우기 활동지

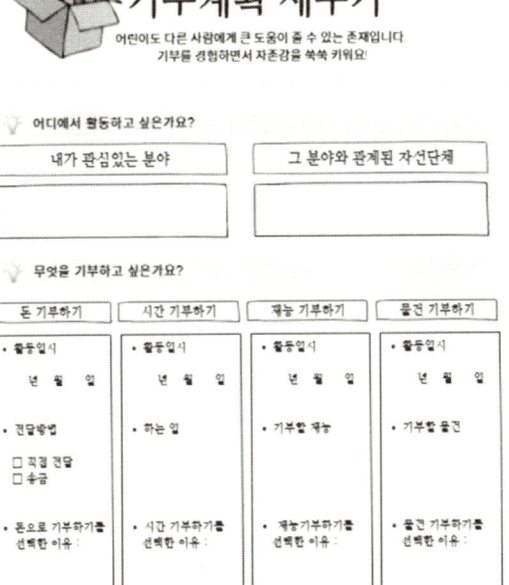

5

청구서를 발행해요

초등학교 시기에는 굳이 학원에 의존하지 않고 집에서 부모님이 가르쳐도 학습완성도를 높일 수 있습니다. 교육전문가들도 집에서 교과서 복습을 하는 것이 완전학습에 가까워지는 길이라고 말합니다. 부모님이 교육 서비스를 제공하고 자녀가 비용을 내도록 해보세요. 교육 서비스, 빨래 서비스, 청소관리 서비스에 대한 비용도 청구서에 포함됩니다. 엄마나 아빠의 서비스를 당연한 것으로 생각하지 않게 만드는 효과가 있습니다.

부모 서비스 비용청구서

청구 내역	비용	청구 금액
교육 서비스	시간당 _____원	_____원
빨래 서비스	시간당 _____원	_____원
청소관리 서비스	시간당 _____원	_____원
교통 서비스	시간당 _____원	_____원
기타 : ( )	시간당 _____원	_____원

이번 달 총 청구 금액 : _____원

6

진짜처럼 생각해요

국내에도 청소년 기업가가 많습니다. 이미 카페를 창업하여 운영하는 학생, 온라인 수익화에 성공하여 월 200만 원 이상 벌고 있는 학생 등 다양한 사례가 있지요. 이 가운데 물건을 만들어 판 경험이 있거나 창업을 목표로 정진하고 있는 두 명의 학생에게 청소년 기업가로서의 경험 이야기를 들어봤습니다.

5학년에 재학 중인 학생 K는 사고 싶은 물건이 있어서 직접 돈을 벌기로 한 후, 직접 핸드크림을 제조하여 팔아본 경험이 있습니다.

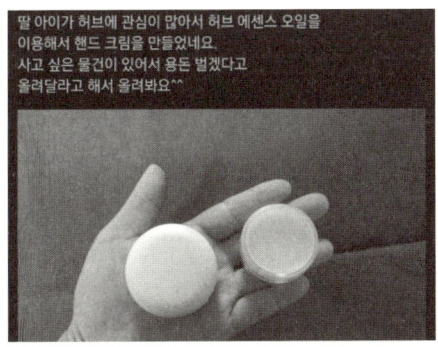

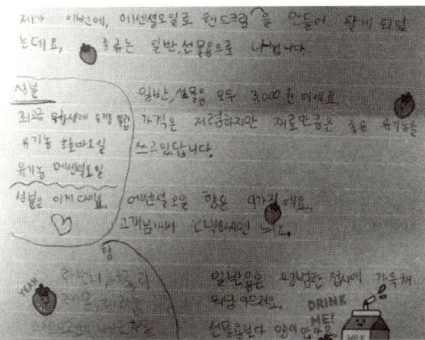

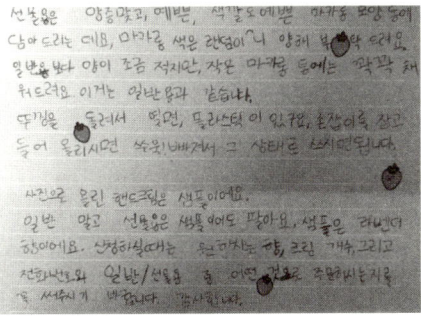

5학년 학생이 직접 만든 허브오일 핸드크림 사진과 홍보 글

1. 나이 : 12세

2. 지금의 사업을 이루기 위해 겪었던 어려운 점

   딱히 없었지만, 딱딱한 밀랍을 자를 때는 많이 힘들었어요.

3. 미래의 CEO가 되기 위해 실천하고 있는 일이 있다면?

   꼭 CEO가 되고 싶어서 시작한 것은 아니에요. 그냥 내 손으로 돈을 벌어보고 싶고, 용돈도 벌고 싶어 시작하게 되었어요.

4. 사업을 하면서 가장 도움이 되었던 사람은?

   엄마, 아빠가 많이 도와주었어요. 처음에 서점에서 허브 관련된 책을 보고 관심이 생겨서 샀는데, 벌써 1년이 넘었어요.

5. 새로운 창업/사업을 한다면?

   더 많은 종류의 허브로 더 많은 물품을 만들어 팔고 싶어요.

6. 후배들에게 해주고 싶은 말

   "뭔가 하고 싶은 게 있다면, 꿈과 희망을 품고 열심히 해 보세요!"

중학교 3학년에 재학 중인 학생 Y는 카페 창업을 준비하고 있습니다.

중학교 3학년 학생 Y가 직접 만든 쿠키 사진과
자신이 롤 모델로 삼고 있는 18세 청소년창업가와 만나는 모습

1. 나이 : 16세
2. 사업가가 되기로 한 계기

코로나19로 인해 많이 침체한 학업 분위기를 따라갈 수 없었고, 집에서 보내는 시간이 많아지게 되며 무기력해졌습니다. 새로운 취미를 찾던 도중 홈 베이킹에 도전해보게 되었습니다. 흥미를 느낀 저는 '취미와 생계가 이어질 수 있을까?'라는 고민을 해보았지요. 그 고민 끝에 결국 창업을 결심하게 되었습니다.

3. 지금의 사업을 이루기 위해 겪었던 어려운 점

전문적으로 배운 적이 없어서 해외 레시피나 유튜브, 블로그 등을 보며 혼자 공부를 할 때 많은 어려움이 있었습니다.

4. 미래의 CEO가 되기 위해 실천하고 있는 일

SNS 등을 통하여 저 자신과 현재 준비하고 있는 저의 사업을 홍보하고 있습니다. 또한 새로운 레시피와 상품을 개발하기 위해 노력하고 있습니다.

5. 사업을 하면서 가장 도움이 되었던 사람이나 조언이 있었다면?

가장 많이 도움이 되었던 사람은 역시 사랑하는 부모님과 친구들입니다. 사업을 준비하면서 가장 도움이 되었던 조언은 '30살 전까지는 망해봐도 괜찮아'였습니다. 아빠가 늘 주저하는 저에게 했던 말씀이셨는데, 유난히 이 말을 들을 때마다 힘을 낼 수 있었습니다.

6. 새로운 창업/사업을 한다면?

개인 카페로 시작해서 프랜차이즈화를 시키는 것이 가장 큰 목표입니다.

7. 왜 부자가 되고 싶은가요?

먼 훗날 노후를 생각해보았습니다. 하고 싶은 게 있을 때 경제적인 어려움으로 인해 하고 싶은 일을 못 하게 된다면, 큰 상실감이 느낄 것 같아서 부자가 되고 싶습

> 니다.
>
> 8. 후배들에게 해주고 싶은 말
>
>   "일단은 망설이지 말고 도전해보자. 실패로부터 배우는 게 성공으로부터 배우는 것보단 훨씬 많다. 그러니 주저하지 말고 도전해보자!"
>
> 9. 앞으로의 목표가 있다면?
>
>   지금은 한 카페에 제가 만든 빵을 납품할 예정이라 이를 바탕으로 저만의 사업체를 키워나갈 예정입니다. 2년 이내로 작은 가게를 오픈하는 것이 가장 큰 목표입니다.

아이 회사의 로고를 만들어보세요!

아이가 가진 재능과 기술을 적어보고, 그중에 사업화할 수 있는 게 있는지 살펴보세요. 아이템의 특성을 살려 회사의 이름을 정하고, 로고를 만들어보세요. 가장 쉽게 만들 수 있는 것이 SNS라면 계정을 개설하고, 종이와 펜으로 뭔가를 시작하고 싶다면 전단이나 명함을 만들어보세요. 가장 가까운 이웃에게 홍보를 시작하세요. 더 많은 고객과 만날 수 있는 장소가 어디인지 찾아보세요. 활동 모습과 결과물을 사진으로 찍고, 지속해서 SNS나 블로그에 업데이트하세요. 자녀 사업 수익을 위한 계좌를 새로 만들고, 이윤을 관리합니다. 더 나은 사업으로 성장하기 위해 좀 더 투자하고, 사업을 발전시키세요. 이 모든 여정의 시작은 부모님과 함께 앉아 자녀의 사업 아이템을 구상하는 것에서 시작됩니다.

꿀 정보
브랜드 로고 5분 만에 만들기

로고메이커 https://ko.wix.com/logo/maker

웹사이트에서 아이 사업을 위한 로고를 쉽게 만들 수 있어요. 로고를 만들어서 키즈 브랜딩에 활용해보세요. SNS 피드나 블로그 대문에 로고를 넣어 브랜드를 홍보합니다. 홍보지에도 로고를 넣고, 학교 신문에도 로고와 블로그를 홍보하세요.

7

솔직하게 대화해요

돈에 관한 메시지는 방송, 유튜브, 팟캐스트 등 미디어에서 쏟아집니다. 아이가 SNS를 보면서 돈을 배워도 될까요? 그리 좋지 않을 것 같습니다. 소셜 미디어에 보이는 모습은 진짜라기보다 꾸며진 모습이 많으니까요. SNS에 비치는 돈의 모습은 허영심의 표출수단입니다. 아이는 부모님의 삶 속에서 제대로 배울 수 있습니다. 부모님에게서 돈에 대한 좋은 인상을 받아야 합니다.

2018년 T. Rowe Price에서 실시한 설문조사에 의하면 부모님 3명 중 2명은 아이들과 돈 이야기하기를 꺼리는 것으로 나타났습니다. 대부분의 부모님은 평소 절약하라는 이야기를 많이 하고, 예산 세우기에 대한 이야기도 좀 하십니다. 하지만 투자나 은퇴 이후의 삶을 대비한 저축에 관해 이야기하는 부모님은 별로 없어요. 심지어 나이가 많이 들거나 건강에 문제가 생길 때까지, 자녀에게 가정경제에 대하여 전혀 말해주지 않는 부모님들도 상당히 많습니다. 사람들은 어렸을 때부터 돈을 아는 게 좋다고 생각은 하지만, 실제로는 자녀가 십 대 중반을 넘어설 때까지도 돈에 관해 제대로 가르치지 않아요. 아이가 대학에 갈 때쯤 되면 적절하리라 생각하며, 돈에 대한 언급을 최대한 뒤로 미루지요. 그 결과 젊은 성인 대부분(64%)이 막상 돈을 다루기 시작하면, 돈 관리에 대해 별로 아는 것이 없다는 사실을 깨닫게 됩니다.

2014년에 같은 회사에서 실시한 설문조사에서는 부모님과 가정경제에 대한 대화를 나눈 경험이 있는 아이들이 좋은 돈 습관을 갖고, 돈에 대한 자신감이 있는 것으로 나타났습니다. 부모님과 돈 이야기를 해본 아이들은 자신을 '돈 쓰는 사람'이 아니라 '저금하는 사람'으로 인식합니다. 이런 아이들은 대부분 자신을 돈에 관해 똑똑하다고 생각하고 있었지요. 특히 주식이나 채권 같은 투자 수단에 대해 자주 들었던 아이들은 81%가 대학 학비를 스스로 마련하고 있었습니다.

사실 부모님은 돈에 관한 한, 자신이 완벽한 롤 모델이 아니라는 것을 알고 있습니다. 그래서 자녀에게 좋은 본보기가 되지 못할까 봐 돈에 관한 언급을 꺼리게 되지요. 그러나 돈은 금기시되는 주제가 아닙니다. 돈이 없이는 하루도 일상생활을 할 수 없듯이, 돈 이야기도 일상 대화의 일부입니다. "저녁에 양치했니?"라고 묻는 것처럼 자연스러운 일상이죠. 돈에 관한 주제로 자녀와 대화할 때 편안함이 느껴질 때까지 대화 주제로 삼아보세요. 특히 부모님이 재정적인 결정을 내리는 순간에 자녀가 함께 있도록 하는 것이 좋습니다. 초등학생이 되면서부터는 가족 예산을 세울 때 자녀를 참여시킵니다. 가족 휴가나 가족 파티에 드는 비용에 관해서 아이와 의논합니다. 아빠의 새 신발을 고를 때에도 더 경제적인 결정은 무엇일지 아이의 의견을 물어보세요. 우리 집 재무 회의에도 참여시킵니다. 매달 같은 시간에 재무 회의를 열어 우리 집 재무 현황을 공개하고, 자녀의 수입-지출 기록을 확인합니다. 자녀에게 100% 모든 것을 공개하지는 않더라도, 지금보다는 많은 것을 공유할 수 있어요.

현재 우리 가정에 빚이 많거나 재정적 실패를 겪은 경험이 있더라도 숨김없이 진실을 말해주세요. 과거에 더 많이 저축하지 못한 걸 후회한다면, 솔직한 심정을 전달해주세요.

아이들은 부모님을 무시하거나 비난하기보다는 오히려 솔직하게 말해주는 부모님의 태도에 감사함을 느끼고, 스스로 과도한 지출을 자제해야겠다고 생각을 합니다. 부모님의 경험으로부터 아이는 더 많이 배우고, 성장할 거예요. 아이가 돈, 신용, 빚, 저축에 관해 물어보는 게 불편하게 느껴지더라도 질문할 기회를 주세요. 부모님께 묻지 않으면 어림짐작으로 가정경제를 파악합니다. 아니면 경제 관념이 부족한 상태로 어른이 되겠지요. 실제로 우리나라 청소년들은 대부분 가정경제를 실제보다 더 부유한 것으로 인식한다고 합니다. 왜 그럴까요? 부모님은 아이에게 든든한 모습만 보여주고 싶고, 아이가 원하는 것이라면 기꺼이 지출할 준비가 되어 있기 때문입니다. 가정경제의 실제적인 면모를 제대로 알려주지 못한 채 말이지요.

돈은 어떻게든 배우게 됩니다. 아이는 언젠가는 '돈 잘 버는 법'을 누군가에게 질문하여 답을 얻으려고 할 거예요. 그런데 그 질문 상대가 아이에게 손해를 입히지 않을 거라고 장담할 수 있을까요? 이왕이면 부모님이 질문 상대가 되어주는 것이 아이를 돕는 최선의 길입니다. 부모님께서 돈을 관리하는 모습, 예산을 짜고 잔액을 계산하는 모습도 보여줍니다. 아이가 "엄마, 뭐해?"라고 물어보면 돈 관리하는 일에 대해 긍정적으로 답해주세요. 월별 휴대전화 요금 청구서에 무슨 내용이 적혀있는지, 요금이 얼마나 나왔는지를 이야기합니다. 세금청구서를 보면서 세금으로 많은 사람이 함께 누리는 것이 무엇이 있는지를 설명해주세요. 학교, 집 앞의 도로, 응급 구조대, 공원, 의료, 보안, 안전 등 감사해야 할 것들이 많이 있습니다. 이런 대화가 계속되다가 아이가 스스로 용돈을 벌어보고 싶다고 생각한다면 적극 지지해주세요. 주어진 예산 안에서 여행계획을 직접 짜게 하고 수당을 지급해보세요. 아이 힘으로 할 수 있는 다른 일은 없을지 찾아봐요.

이제 아이를 돈 문제로부터 무조건 보호해야 한다는 생각은 하지 않아도 된다는 걸 아실 거예요. 아이들은 관찰을 통해 이미 많은 것을 터득했거든요. 세 살만 되어도 동전의 가치와 교환 개념을 이해합니다. 돈이 좋다/나쁘다, 돈은 깨끗하다/더럽다 등 돈에 대한 견해는 초등학교에 입학하기도 전에 모두 형성이 되었습니다. 우리가 해야 할 일은 아이가 가진 어떤 오해를 바로잡는 일입니다. 돈이 인생의 최종목표는 아니지만, 돈이 가치 있는 이유는 돈으로 목표를 실현할 수 있기 때문이라는 걸 가르쳐주세요. 경제 수업을 하다 보면, 아이들이 어른들의 생각보다 훨씬 앞서 나가 있다는 것을 자주 느낍니다. 돈 문제가 고통스러운 어른들과는 달리,

아이들은 실제적인 것에 관심이 아주 많거든요. 추상적인 경제개념보다는 실제로 돈을 버는 방법이 무엇인지를 궁금해합니다. 직접 돈을 벌어보고 싶어 하고, '진짜 돈의 세계'를 경험해보기를 원하지요. 아이와 함께 돈 잘 버는 방법을 고민해주세요. 새로운 도전이 기다리고 있을 거예요.

8

10분 브리핑에 도전해요

　어린이를 위해 현실적으로 추천할 수 있는 투자법은 ETF 입니다. 시장이 성장한다는 전제하에 가장 안정적인 평균 수익률을 기대할 수 있는 투자법이기 때문입니다. 게다가 아이들에게는 시간이 충분하니 더욱 유리합니다. ETF도 개별 주식들로 구성되어 있기 때문에 개별 기업을 공부하는 법을 배우면 좋습니다. 아이에게 제대로 된 투자 경험을 주고 싶으신가요? 기업의 변화를 기록하고, 가족 앞에서 브리핑해보는 시간을 가져보세요. 먼저 우리나라의 대표 기업을 몇 가지 선정하여 다음과 같은 기업분석을 해봅니다.

1. 검색 창에 알아보고 싶은 기업의 이름을 검색하세요.

2. 재무 정보를 자세히 살펴봅니다.

① 어디에 상장된 회사인지 확인합니다. (코스피/코스닥/나스닥 등)

② 어떤 업종인지 확인합니다. (IT 업종/건강, 미용 업종/자동차 업종/반도체 업종 등)

③ 시가총액을 확인합니다. 최소한 2천억 원 이상의 업종에만 투자하겠다는 등 자신의 최소기준을 충족하는지를 봅니다.

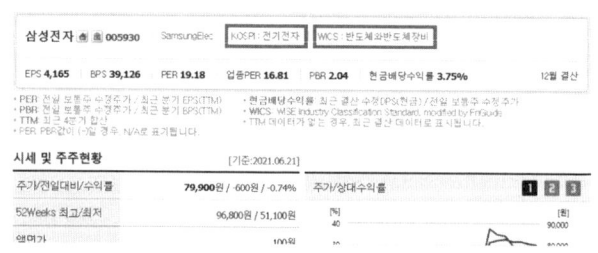

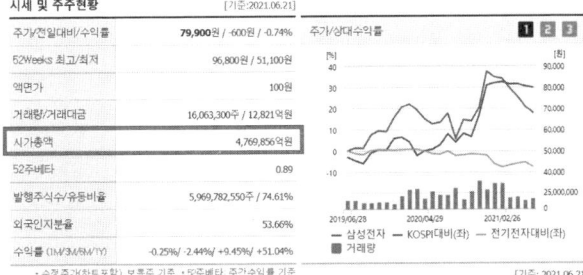

④ 주요 주주에 누가 들어있는지 확인합니다.

⑤ 기업개요를 읽고 이 회사가 어떤 기업인지 확인합니다.

⑥ 재무제표를 확인합니다.

- 매출액이 증가하고 있는지 확인합니다.
- 영업이익이 안정적인지, 증가하고 있는지 확인합니다.
- 부채와 자본을 확인합니다. 자본에 비해 부채가 지

나치게 많은 것은 아닌지 봅니다.

- 주요 지표(EPS, PER, PBR 등)를 확인해봅니다.

펀더멘털

주요지표	2020/12(A)	2021/12(E)
PER	20.80	14.81
PBR	2.03	1.90
PCR	8.31	7.92
EV/EBITDA	6.53	5.33
EPS	3,841원	5,395원
BPS	39,406원	42,038원
EBITDA	663,294.9억원	808,895.5억원
현금DPS	2,994원	1,679원

개별 기업이 실제로 얼마나 이익을 내고 있는지 궁금하다면 금융감독원 전자공시시스템^{dart.fss.or.kr}에서 기업보고서를 살펴보세요. 전자공시는 상장된 기업들의 분기 보고서를 볼 수 있는 곳입니다. 우리 아이가 좋아하는 브랜드가 있나요? 자주 먹는 과자나 좋아하는 게임을 만든 회사의 종목 코드를 찾아보세요. 전자공시 사이트에 들어가서 회사명을 입력하고, 지난 분기의 영업이익이 얼마나 되는지 아이와 함께 확인해보세요.

자녀와 함께 기업의 변화를 노트에 기록하며 지켜보세

요. 전자공시에서 확인한 매출액과 영업이익을 기록하고, 시장의 기대치에 비해 실제 이익이 상회했는지 못 미쳤는지 기록합니다. 매출이 잘 나왔다면 그 이유를, 못 나왔다면 그 이유를 찾아봅니다. 뉴스 기사 또는 한경컨센서스 consensus.hankyung.com 의 산업 리포트를 확인하여 적어봅니다. 남은 분기의 목표는 무엇이며 달성 가능성이 충분한지도 적습니다. 기업의 분기 보고서에는 재무제표가 나와 있는데, 재무제표에서 영업이익이 지속해서 상승하고 있다면 수익성이 개선되고 있다는 좋은 신호입니다.

주요 지표를 통해 분석한 내용과, 기업의 분기 보고서나 산업 리포트를 바탕으로 기업의 변화를 기록한 것을 가지고 브리핑에 도전해보세요. 우선 아이들을 소파에 앉혀놓고, 부모님이 먼저 10분 브리핑을 시연해봅니다. 몇 가지 지표와 리포트를 근거로 들어 기업의 성장성을 예측해보고, 투자의견을 밝힙니다. 이렇게 부모님이 먼저 PPT를 준비해서 발표하는 이유는 기업분석과 투자의견에 대한 브리핑이 어렵지 않다는 것을 아이들에게 보여주기 위해서입니다. 아이가 관심 있는 기업을 함께 공부한 후, 정해진 날짜에 직접 브리핑을 하게 합니다.

기업의 변화 기록하기

	3분기 매출	영업이익	당기순이익
시장의 기대치	5조 원	4천억 원	
실제 매출	5조4천억 원	5천100억 원	2천100억 원
평가	상회함		
매출이 잘 나온 이유?	코로나19로 인해 집에 있는 시간이 길어지자 가전제품 수요가 늘어남		
앞으로는?	4분기 출하량 100만 대, 올해 목표 700만 대, 달성 가능성 높음		

    부모님과 자녀가 함께 한 기업에 대해 깊게 알아본 후, 모의투자 앱을 이용하여 ETF나 개별 주식을 매수합니다. 그후 매수일지를 작성해보세요. 어느 계좌에 어떤 종목을 샀으며, 얼마에 샀고 현재 금액은 얼마인지 씁니다. (현재가-매수가)/매수가×100을 하면 손익률이 나옵니다. 얼마나 손실 혹은 이익을 봤는지도 계산하여 확인합니다. 특히 왜 매수하기로 했는가에 대한 이유를 분명히 생각하여 적어두면 좋습니다. 근거 있는 투자를 하기 위함이고, 나중에 매도 의사를 결정할 때 처음 이 주식을 살 때의 마음가짐을 확인하여 한 번 더 신중한 결정을 할 수 있기 때문입니다.

매수일지 작성하기

초기 자산: 5백만 원

날짜	계좌	상품명	매수가	매수 수량	현재가	매수금액	평가금액	평가손익	손익률	매수이유
10/18	삼성증권	삼전우	7만 원	10	8만원	70만원	80만원	10만원	(8만 - 7만)/7만×100= 14.3%	
11/7		KT&G	7만 5천 원	10	8만 3천 원	75만원	83만원	8만원	8천/7만 5천×100= 10.8%	
합계						145만 원		18만 원		

9

밥상머리 경제 대화를 시작해요

부모님의 하루는 해야 할 일과 가야 할 곳으로 빼곡합니다. 한 가지 일에서 다음 일로 넘어가느라, 우리는 물론이고 아이를 채근하며 서두르는 것이 일상이지요. 퇴근 후부터 출근 전까지, 해야 할 집안일이 산더미인데 아이들 숙제와 책가방도 살펴야 하고요. 이것저것 챙기다 보면 저녁 시간이 어떻게 흘러갔는지도 모릅니다. 할 일을 해내다 보면 아이 눈을 보고 잠깐 대화할 틈이 없을 정도이지요. 이렇게 바쁜데, 아이와 대화할 시간 5분을 내야 한다면 언제일까요?

바로 식사 시간입니다. 5분만 시간을 내어 밥상머리 경제 대화를 해보는 거예요. 식탁 위에 그릇과 수저 외에 하나 더 놓을 것이 있어요. 오늘 자 신문 기사입니다. 기사를 작게 오려 모두의 눈에 닿는 곳에 붙여놓아요. 오늘 '돈의 세계'에서는 어떤 일이 일어났는지 아이에게 읽어주세요. 아이가 경제를 배우는 가장 좋은 방법은 최신 경제 뉴스와 만나는 것입니다. 아이와 함께 하나씩 검색해보며 경제 지식을 쌓아나가요.

성인 대상의 경제지가 부담스럽다면 어린이 경제신문을 구독해보세요. 어린이 경제신문에는 또래 어린이들이 어떤 경제활동을 하고 있는지에 관한 이야기도 실려 있어서 좋은 자극을 받을 수도 있지요. 그런데 아이가 신문 읽기에 부담을 느끼는 경우가 있습니다. 아이가 신문 읽기를 싫어하는 이유는, 기사를 이해하지 못해서예요. 기사를 이해하지 못하는 이유는 무엇일까요? 첫째는 어휘력이 부족해서입니다. 이때는 국어사전을 옆에 두고, 단어를 찾아가며 읽어요. 모든 교과는 국어가 기본입니다. 단답식 수학 문제도 지문을 이해해야 풀 수 있지요. 기사에서 모르는 단어를 사전에서 찾다 보면, 학습능력이 놀랍게 향상될 거예요. 둘째는 배경지식이 부족해서입니다. 부모님이 같이 읽으면서 배경지식을 충분히 설명해주세요. 부모님도 미처 몰랐던 지식을 발견할지도 모릅니다.

경제신문은 어떻게 활용할 수 있을까요? 신문 활용법은 수준에 따라 방법이 다릅니다. 신문과 처음 만나는 활동, 신문과 친해지는 활동, 최종적으로 기사에 대한 자기 생각을 논술할 수 있는 단계로 나아갑니다.

신문과 처음 만나는 활동	- 전체적으로 신문을 한번 훑어보기
	- 다른 매체들(TV, 인터넷, 동영상 스트리밍 서비스, 라디오 등)과 다른 신문만이 가진 특징이 무엇인지 이야기 나누기
	- 신문은 어떻게 만들어지는지 알아보기
	- 신문의 각 면을 펼쳐보면서 구조를 살펴보기
	- 신문에서 눈에 띄는 그림이나 사진을 선택하여 관찰하기
	- 기사에서 왜 이 그림을 사용했는지 생각해보기
	- 부모가 먼저 기사 전체를 훑어보고, 핵심 단락 한 부분만 빨간 박스를 그려 표시해주기
	- 자녀는 핵심 단락을 읽은 후, 단어의 뜻을 찾기
	- 그 기사에 관련된 배경지식을 부모와 자녀가 묻고 답하기
	- 핵심단락을 읽은 후, 그 단락의 요약문 한 줄 쓰기
	- 핵심단락에 대한 내 생각을 한 문장으로 쓰기
	1. 그림으로 친해지기

신문과 친해지는 활동		- 4컷 만화가 있으면 그 중 한 컷의 내용을 지우고 내가 채워보기
		- 내가 고른 기사의 내용을 만화로 나타내보기
		- 신문에 나온 그림이나 사진을 오려 붙이고, 새로운 이야기 만들기
		- 사진을 그림으로 바꿔 그려보기
		- 사진 3~4장을 골라 순서를 정한 후, 접속사를 사용하여 새로운 이야기 꾸미기
		- 사진 속에서 육하원칙을 찾아서 글로 써보기
	2. 스크랩으로 친해지기	
		- 내가 좋아하는 기업을 대표하는 낱말이나, 그림을 찾아 스크랩하기
		- 동의어끼리 모으고, 반대말끼리 모으기
		- 인물사진이 있으면, 인물사진을 오려 붙인 후 그 인물을 잘 표현하는 단어를 찾아서 적기
		- 신문에 나온 그림, 사진 가운데 마음에 드는 것을 오려 붙이고 짧은 글짓기
		- 운동, 놀이, 전쟁, 위인, 자동차, 컴퓨터, 동물, 패션, 메이크업 등 아이가 관심 있는 주제에 대한 경제 기사들을 모아 스크랩하기
내 생각 논술하기	1. 가상 인터뷰 쓰기	
		- 기사에 난 인물의 일생을 조사해보고, 전기 쓰기
		- 기사에 나타난 사건을 보고 속으로 하는 말을 말풍선에 적어보기
		- 신문에 등장하는 인물이나 기업이 CEO에게 궁금한 점을 질문으로 쓰기

내 생각 논술하기	**2. 신문 일기 쓰기**
	- 심층 분석할 기사를 고르기
	- 신문 기사를 통해 새로 배운 경제개념을 노트에 정리하기
	- 관심 있는 기사나 사진을 오려 붙인 후, 떠오르는 의문점이나 자기 생각을 써보기
	- 신문에 보도된 기사 내용이 앞으로 1년 후 어떤 영향을 미칠지 예측하여 글쓰기
	- 신문에서 관심 있는 기업을 발견하면, 그 기업의 기업 개요를 찾아보고 노트에 요약하여 적어보기
	- 신문에서 관심 있는 기업을 발견하면, 그 기업의 재무 정보를 찾아보고 주요 지표를 정리하여 써보기
	- 자신이 관심 있는 종목이나 회사에 관련된 기사를 스크랩하고, 기업의 최근 기사와 주가변동을 관련지어 분석하는 글쓰기

신문 기사는 살아있는 경제 교과서라고 하지요. 경제가 우리 삶과 밀접하다는 것을 알게 되는 것이 기사를 읽는 목적입니다. 경제용어를 자주 접하다 보면, 점점 용어가 친숙해지고 경제는 어렵다는 생각도 사라집니다. 짧은 기사라도 계속 읽다 보면 어휘 학습능력이 높아지는 것은 물론, 공부가 쉬워지는 효과도 봅니다. 모든 학습은 어휘에서 시작하기 때문이지요. 신문을 읽고 자꾸만 자기 생각을 정리하다 보

면, 어느새 자율성 있는 아이로 자라납니다. 내 의견을 찾는 연습을 하면서, 스스로 판단을 내릴 줄 알게 되기 때문입니다. 경제 기사를 함께 읽으면서, 어느 기관의 어떤 선택이 우리 삶에 어떠한 영향을 줄지 생각해보아요.

신문을 처음 접하는 단계에 있는 어린이에게 주의할 점이 있습니다. 하나의 기사에서 한 가지 개념만 알아도 충분하다는 것입니다. 벽돌을 하나씩 쌓아 집을 짓듯, 일주일에 한 가지 배움만 얻는다는 생각으로 천천히 접근해요. 주어진 신문에서 최대한 많은 것을 얻어야 할 의무는 없습니다. 부담을 가지면 아이도 부모님도 힘들어요. 신문 기사를 식탁에 붙여놓고 밥상머리 대화를 하는 이유는, 결국 아이가 자기 생각을 해내게 하기 위함입니다. 경제 신문 읽기의 목표는 짧은 논술이라고 생각해도 좋습니다.

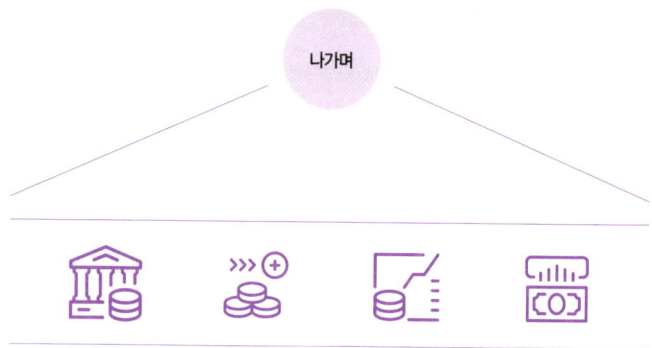

돈 자체는 중립입니다. 돈을 대하는 자세가 돈을 모이게 하느냐, 떠나가게 하느냐를 결정합니다. 돈이 있어 감사하고, 돈이 있어 할 수 있는 일들이 많아 감사하게 여기도록 가르쳐야 합니다. 대성한 사람들의 공통점 중 하나는 돈과 부자에 대해 긍정적인 생각을 가지며 부자가 되고 싶어 한다는 점입니다. 돈보다 중요한 것은 당연히 많습니다. 돈보다 행복, 건강, 가족이 중요하지요. 그런데 인생이 잘 굴러가려면, 다른 요소들만큼 돈도 중요합니다. 우리는 무언가 하나만 선택을 해서는 안 됩니다. 무엇도 포기하지 않아야 합니다. 개인 재정 영역 역시 잘 관리되어야 합니다.

사회가 발전할수록 일해서 버는 돈뿐만 아니라 자본으로 버는 돈이 많아집니다. 우리 자녀가 자본을 활용하여 살지 않으면 자본주의는 우리 자녀에게 별 이득을 주지 않습니다. 자본주의 사회에서 살아가려면 자본으로 돈 버는 법을 알아야 합니다. 그렇지 않으면 점점 가난해질 뿐이지요. 사람들은 돈을 아껴 쓰고 절약하려고 하지만, 어쨌든 돈을 써야만 생활할 수 있기 때문입니다. 자본주의 사회에서 자본가만큼 풍요를 누릴 수 있는 사람은 없습니다. 힘들게 공부해서 자본가 밑에 들어가 또다시 힘들게 일하는 삶을 만들어주기보다, 스스로 자본가가 되도록 키워주는 것이 어떨까요? 자본가가 되어 자기가 만들고 싶은 것, 던지고 싶은 메시지, 사람들에게 주고 싶은 무언가를 주면서 사는 삶은 훨씬 보람될 것입니다.

소비자에 머물지 않고 생산자가 되어 걸어가는 삶은 쉽지 않습니다. IQ나 재능이 뛰어나지 않다고 낙담할 수도 있습니다. 그러나 아이가 좌절할 때 이끌어주는 힘이 우리에게 있습니다. 《그릿Grit》의 저자 앤절라 더크워스Angela Duckworth는 성공과 성취를 끌어내는 결정적인 요인은 재능이 아니라고 말합니다. 성공에는 IQ나 재능을 뛰어넘는 무언가가 존재하며, 그것은 바로 열정적인 끈기Grit입니다. 중요한 것은, 재능과 환경을 뛰어넘는 끈기와 투지를 후천적으로 길러낼 수 있다는 점입니다. 그릿^{Grit}은 흥미-계속된 연습-목적의식-희망 4단계를 거쳐 발달합니다.

우선 자녀의 흥미와 관심사에서 출발해보세요(그릿 1단계: 흥미). 자기만의 사업을 시작하거나, 관심 있는 회사에 대한 투자를 시작합니다. 아주 작은 사업이라도 계속하고, 적은 금액이어도 꾸준히 투자합니다(그릿 2단계: 계속된 연습). 그리고 부자가 되는 목적의식을 분명히 합니다. 뛰어난 성과를 이룬 한 사람의 성취는 다른 많은 사람에게도 좋은 영향을 줍니다. 운동선수의 목표인 금메달이 아무리 개인적인 성취라 하더라도, 이 사람이 목표를 달성하는 모습 자체가 다른 사람에게 좋은 영향을 미칩니다. 금메달을 목표로 한 운동선수 역시 자기만의 목표라고 생각하지는 않습니다. 어떻게든 남들과의 연결성을 찾아내어, 개인적인 목표에 사회적 의미를 부여하지요.

부에 대해서도 마찬가지입니다. 아이가 쌓아 올리는 부가 나중에 다른 사람들에게 어떤 좋은 영향을 주게 될지 목적의식이 필요합니다(그릿 3단계: 목적 의식). 가족에게 더 좋은 것을 주고 싶을 수도 있고, 기부로 나눔을 실천하고 싶을 수도 있습니다. 나의 창업이 사람들에게 어떤 힘이 될 수 있겠는가를 생각해봅니다. 나의 투자가 이 기업에 어떤 원동력을 줄 수 있겠는지 생각해봅니다. 이런 목적의식에 관한 생각을 아이가 해볼 수 있도록 이끌어주세요.

이 모든 과정의 처음부터 끝까지 필요한 것이 희망입니다(그릿 4단계: 희망). 어떤 일을 이루고 싶어 하는 마음, 앞으로 잘 될 수 있다는 믿음이 바로 희망이지요. 어린이 기업가가 되어 생산자로 사는 삶을 시작해보겠다는 결심, 성숙한 투자자가 되기 위해 어린 시절부터 도전하겠다는 의지에는 희망이 필요합니다. 어린이를 세상에 내놓기에는, 아기를 물가에 내놓은 것 같은 불안감이 있지요. 그럼에도 불구하고 아이에게 관심 분야가 있고, 스스로 지속할 의지가 있다면 그것을 세상에 대한 목적의식과 연결해주세요. 아이가 용기 내고 있을 때, 걱정하며 막는 대신 희망을 불어넣어 주세요. 아이와 부모님이 감당할 수 있는 작은 위험을 기꺼이 감수하도록, 부모님이 먼저 용기를 내주세요.

희망은 긍정적인 사람에게서 발견됩니다. 긍정적인 눈으로 세상을 보고, 그 속에 내 일이 있을 거란 희망을 품는 것은 선순환으로 들어가는 핵심입니다. '어린아이가 뭘 할 수 있겠어?'라고 생각하면 정말로 아이는 아무 일도 해내지 못합니다. 무언가에 도전하고 작은 일이라도 해내는 성취감이 아이의 자존감을 자라게 하지요. 튼튼한 자존감은 조금 더 도전적인 일을 시작하게 합니다. 선순환에 들어선 아이는 나선형으로 발전하여 다른 차원에 도달합니다. 아이가 성인이 되면 남들과 완전히 차별화된 경지에 이를 것입니다.

 소원 저금통에 돈을 모아 한 가지를 스스로 사보는 작은 성취에서 시작해보세요. 그다음에는 직접 모은 돈으로 첫 주식을 사고 증서를 제작해주세요. 어떤 일이든지 손이 필요한 집안일에는 아이를 꼭 참여시켜 보세요. 청구서가 오면 바로 버리지 말고 1분만 시간 내어 아이에게 보여주세요. 집 밖에서 아이 수준에서 해볼 수 있는 일이 있는지 기회를 찾아보세요. 적은 돈이라도 물건을 남에게 팔아서 수입을 만들어보세요. 현재 우리 아이가 푹 빠져있는 일이 무엇인지 살펴보세요. 블로그를 개설하여 자기 이야기를 써보도록 하세요. 저녁밥을 먹을 때 반찬 옆에 사전을 함께 놓고 새로운 경제용어를 찾아보아요. 글, 그림, 제품, 서비스 등 어느 것이든 아이가 생산자가 되도록 해보세요. 이 모든 일 가운데 한 가지라도 성공한다면 경제교육의 선순환에 들어올 수 있습니다. 아이가 생산자 마인드에 눈을 뜨고, 자기 사업과 자기만의 투자 철학을 만들어내는 것은 최종 결승선입니다. 처음에는 작게 시작하면 됩니다. 아이의 작은 성취를 독려해주세요. 부자는 누구나 될 수 있지만, 매일 조금씩 그 길을 걸어야 도달할 수 있습니다.

참고자료

1. 교육부 고시 제2015-74호 [별책 2], 초등학교 교육과정.
2. Remake the school system: Survey of 1,009 Millennials, A January 2019 survey by Nitro College, https://www.nitrocollege.com/research/remake-the-school-system 검색일: 2021.6.10. ; *Overall, 84% of respondents agreed high school did not prepare them for handling personal finances. With that in mind, more than 3 in 4 millennials believed personal finance classes should be mandatory in high school – especially since many financial institutions will try to take advantage of students in college.*
3. 《국가는 왜 실패하는가》, 대런 애쓰모글루&제임스A.로빈슨, 시공사, 294쪽
4. Kay, A. C., & Jost, J. T.(2003). Complementary justice: Effects of "poor but happy" and "poor but unhappy" stereotype exemplars on system justification and implicit activation of the justice motive. Journal of Personality and Social Psychology, 85, 823-837.
5. Wakslak, C.J., Jist, J.T., Tyler, T. R. & Chen, E. S. (2007). Moral outrage mediates the dampening effect of system justification on support for redistributive social policies. Psychological

Science, 18, 267-274.

6. N.K. Sengupta, D. Osborne, V.A. Houkamau, W.J. Hoverd, M.S. Wilson, L.M. Halliday, T. West-Newman, F.K. Barlow, G. Armstrong, A. Robertson, C.G. Sibley, (2012). How much happiness does money buy? Income and subjective well-being in New Zealand. New Zealand Journal of Psychology, Vol. 41, No. 2, pp. 21-34.
7. Money skills key to child's future, Chris Kissell, Bankrate, 2013.2.19. ; Parents usually do not hesitate to teach their children about good manners or how to behave in public, even though most parents have not had etiquette lessons themselves. However, too many parents are reluctant to teach their children about finances because they think they do not have the necessary training or knowledge to do so.
8. Simon Sinek's TED talks - How great leaders inspire action, 2014.3.11.
9. 《프로페셔널의 조건》, Peter F. Drucker, 이재규 옮김, 청림출판, 287쪽
10. How to Teach Kids About Money, from Toddlers to Teens, Michael Pearl, The Simple Dollar, 2020.8.13. ; Contrary to common belief, banks aren't going anywhere anytime soon. 84% of bank customers ages 18-34, including millennials, have visited a teller at least once in 2016. Even if banking ultimately becomes a purely digital experience, it's essential to understand exactly who is keeping your money safe.
11. 신연수의 청약ABC, 한국경제, 2021.02.21.
12. Why You Should Spend Your Money On Experiences, Not Things, Travis Bradberry, Forbes, 2016.8.9. ; A 20-year study conducted by Dr. Thomas Gilovich, a psychology professor

at Cornell University, reached a powerful and straightforward conclusion: Don't spend your money on things. The trouble with things is that the happiness they provide fades quickly.

13. 《아이를 위한 돈의 감각》, 베스 코블리너, 이주만 옮김, 다산에듀, 110쪽
14. Research by Marty Rossmann cited in "Involving Children in Household Tasks: Is It Worth the Effort?" ResearchWorks. (2002.9.) College of Education and Human Development, University of Minnesota. ; *Research by Marty Rossmann, emeritus associate professor of family education, shows that involving children in household tasks at an early age can have a positive impact later in life.*
15. Study Finds Habits in Children Take Root by Age 9, Rebecca Jackson, Psychology Today, 2015.2.26. ; *A recent study out of Brown University has concluded that routines and habits in children, including household chores and responsibilities, are unlikely to vary after the age of 9. For most children, this takes firm root by the third grade. According to the research, which surveyed nearly 50,000 American families, chores remained consistent from the age of 9 through the conclusion of high school.* (Pressman 외, 2014)
16. 《신뢰의 속도》, Stephen M.R. Covey, 김경섭·정병창 옮김, 김영사, 71쪽
17. 50 fun ways to teach your kids about money, Hanna Horvath, Policygenius, 2018.9.26. ; *Make a budget pie chart out of a real pie by cutting it up into pieces for each budget category. This yummy round dessert is also a perfect way to teach kids the art of budgeting. ; Instead of buying your child a toy, give them a gift card to their favorite store. This allows them to go and*

weigh costs before purchase.
18. How to Teach Kids About Money, from Toddlers to Teens, Michael Pearl, The Simple Dollar, 2020.8.13. ; *Generation Z holds the lowest average credit card debt of all current generations. But when it comes to keeping track of spending habits, there's still a generation gap. "If you are over 40," says Dan Kadlec, "you were taught that the best way to restrain and track spending was by using cash and saving the receipts. Spending cash was painful because you had to part with the physical currency and felt the loss."*
19. "3대 명품 에루샤, 유럽보다 20% 비싸도 작년 한국서 2.4조 팔렸다", 김대기, 매일경제, 2021.05.23.
20. 8 things every parent should do if they want their children to become millionaires, Stephanie Ashe, Insider, 2018.6.16. ; *Everything from our groceries to our furniture can be delivered to our homes almost instantly, so it can be frustrating to watch the slow progression of a savings account or investments.*
21. Amazon Will Refund $70 Million Worth of App Purchases Made by Kids, Bourree Lam, The Atlantic, 2017.4.5.
22. Dan Ariely and Jose Silva (2002). "Payment method design: psychological and economic aspects of payments", Massachusetts Institute of Technology Center for Digital Business Paper 196. ; *The pain of paying in all the pay-as-you-go methods, and particularly in the micropayments condition, was so large that respondents spent their time viewing very few of the desirable content and a lot more time viewing the undesirable content — the cultural studies.*
23. Drazen Prelec and Duncan Simester (2001). "Always Leave Home

Without It: A Further Investigation of the Credit-Card Effect on Willingness to Pay", Marketing Letters, vol. 12, no. 1, pp. 5-12. ; *In summary, this is the first study that demonstrates that willingness-to-pay is increased when customers are instructed to use a credit card rather than cash.*

24. 5 Reasons to Encourage your Child to Donate to Charity, Kristi Muse, Retire by 40, 검색일:2021.6.9. ; *Many professions, like doctors, nurses, and psychiatrists, require a strong sense of empathy. By exposing your kids to different charities from an early age, they will learn that there are all kinds of people and life experiences in this world. You never know what effect their charitable donations will have on their life.*

25. Why should kids give to charity, Brandy Ellen , 2017.6.2. ; *They become grateful for what they have and grateful for others who are thankful for their act of giving.*

26. 강철희,김미옥,이종은,이경은. (2007). "나눔교육을 통한 아동의 변화 연구", 한국사회복지학 59권 4호, pp20-26.

27. The Classroom Mini-Economy ; *Integrating Economics into the Elementary and Middle School Curriculum, Harlan R. Day, Ph.D., David Ballard, Indiana Department of Education*(Center for School Improvement and Performance Office of Program Development), 1996.10.개정

28. KIDPRENEURS, by Adam Toren and Matthew Toren, from KIDPRENEURS.COM

29. Companies Founded by Amazing Young Entrepreneurs, Jennifer Post, Business News Daily, 2019.9.8.

30. "사진 찍는 취미로 돈 버는 '스톡 사진 작가' 되는 법", 기획 서희라, 글 고우리, 전성기 매거진

31. 《10만 원이 10억 되는 재밌는 돈 공부》, 제임스 맥케나&지닌 글리스타&맷 폰테인, 박성혜 옮김, 천영록 감수, 앵글북스, 90~91쪽.
32. 《피터 드러커 씨, 1인 창업으로 어떻게 성공하죠?》 아마다 유키히로, 시크릿하우스.
33. How to Teach Kids About Money, from Toddlers to Teens, Michael Pearl, The Simple Dollar, 2020.8.13. ; *Keep an eye on your child's social media accounts, but also explain why popular services like Facebook and Instagram are free – namely, the process of data mining. Make sure their phone's geolocation is off, and know if their posts are geotagged. Inform them of the dangers of sharing personal information while on public wi-fi.*
34. 《크러쉬 잇! SNS로 열정을 돈으로 바꿔라》, 게리 바이너척, 최소영 옮김, 정진수 감수, 천그루숲.
35. Lusardi, A. (2015). Financial Literacy: Do People Understand the ABCs of Finance? Public Understand of Science. ; *Findings are sobering: Most individuals in the United States and in other countries cannot perform simple calculations and do not understand basic financial concepts such as interest compounding, the difference between nominal and real values, and risk diversification.*
36. "한국인 금융이해력 OECD 평균 미달…16%만 '노후 자신 있다'", 조은임, 조선일보 조선비즈, 2019.01.28.
37. How to Teach Your Kids to Invest, Kalen Bruce, 2020.6.29. ; *If you instill the "pay yourself first" concept in your child's mind, it really doesn't take much for them to be successful investors. Unless your kid is planning to devote most of her waking hours to researching investments, index funds are all she needs. Even Warren Buffett suggests, for the average person who isn't a*

professional investor, index funds are their best bet.
38. Freakonomics Radio, Ep. 297 Rebroadcast 〈The Stupidest Thing You Can Do With Your Money〉, by Stephen J. Dubner, Produced by Greg Rosalsky, 2018.3.21.
39. Parents Should Get Out Of The Way And Let Kids Pick Stocks, Angela Colley, Insider, 2013.1.5. ; *Keep in mind that not all companies give out printed certificates anymore, but you can make your own using a program like Google Docs or Microsoft Publisher.*
40. T. Rowe Price's 10th Annual Parents, Kids & Money Survey, 2018.3.19. ; Most young adults (64%) are surprised at how little they knew about managing money once they had to start dealing with real-world finances. ; *"A recent survey by T. Rowe Price revealed that two-thirds of parents express reluctance to talk with kids about money. That's concerning because the biggest mistake parents can make is not talking to their kids about money and the importance of smart money management. All parents have the opportunity to prepare kids for their financial future."*
41. Parents Don't Know How to Teach Their Kids About Money, Dori Zinn, Debt.com, 2019.4.25.
42. Karen Holden, Charles Kalish, Laura Scheinholtz, Deanna Dietrich, and Beatriz Novack. (2009). "Financial Literacy Programs Targeted on Preschool Children: Development and Evaluation", La Follette School Working Paper no. 2009-009, at the University of Wisconsin-Madison. ; *Very young children, three to four years of age, knew what money was and could explain that it is used to buy things.*

43. To close the gender investing gap, talk to your young girls, Michelle Fox, NBC News, 2021.5.1. ; *Only 26 percent of American women invest in the stock market, a 2018 report from S&P Global found, and they invest less aggressively than men. Yet a 2017 Fidelity study found that women who did invest outperformed men by 40 basis points.*
44. 2014 "6th Annual Parents, Kids & Money Survey", T. Rowe Price: Boys And Girls Not Equally Prepared For Financial Future ; *Boys report having more money conversations: 58% of boys say their parents talk about setting financial goals at least occasionally compared with just 50% of girls. ; And the parents think boys understand more: Of the parents with one child, 80% of parents with a boy think their child understands the value of a dollar compared with only 69% of parents with a girl. ; Additionally, the survey of 8- to 14-year-old kids and their parents found a correlation between talking to kids of either gender about financial concepts and kids developing positive financial behaviors, such as identifying themselves as a saver rather than a spender, feeling more confident about money, and saving for their own college education. ; investment-savvy kids are even more likely to save for college: 81% of kids whose parents frequently talk to them about investment vehicles like stocks and bonds say they are saving for college on their own, as opposed to just 25% of kids whose parents do not frequently talk about investment vehicles. ; Kids feel smarter about money: 66% of kids whose parents frequently talk about family finances say they feel smart about money, as opposed to 37% of kids whose parents don't frequently talk about family finances.*

45. 전국투자자교육협의회 '금융투자절세가이드'
46. "美 가계자산 사상 최대폭 증가 상위 1%가 '3분의 1' 가져갔다", 주용석, 한국경제 A10면 국제, 2021.6.29.
47. 7 Billionaires´ First Jobs, Claire Bradley, Investopedia, 2021.5.6.
48. Korea lacks self-made billionaires like Gates, Ma, Park Hyong-ki, The Korea Times Finance, 2017.1.8.
49. Freakonomics Radio, Ep. 246 〈How to Get More Grit in Your Life〉, by Stephen J. Dubner, Produced by Christopher Werth, 2016.5.4.